中国人民大学科学研究基金
（中央高校基本科研业务费专项资金资助）
项目成果

"新阶段，新认知"系列

周立 王晓飞 等著

去全球化与乡村未来

Deglobalization and
Rural Future

中国社会科学出版社

图书在版编目（CIP）数据

去全球化与乡村未来 / 周立等著. —北京：中国社会科学出版社，2021.11

ISBN 978-7-5203-9246-4

Ⅰ.①去… Ⅱ.①周… Ⅲ.①全球化—研究 Ⅳ.①C913

中国版本图书馆 CIP 数据核字（2021）第 209008 号

出 版 人	赵剑英
项目统筹	王　茵
责任编辑	马　明
责任校对	王福仓
责任印制	王　超

出　　版	中国社会科学出版社
社　　址	北京鼓楼西大街甲 158 号
邮　　编	100720
网　　址	http://www.csspw.cn
发 行 部	010-84083685
门 市 部	010-84029450
经　　销	新华书店及其他书店
印　　刷	北京明恒达印务有限公司
装　　订	廊坊市广阳区广增装订厂
版　　次	2021 年 11 月第 1 版
印　　次	2021 年 11 月第 1 次印刷
开　　本	710×1000　1/16
印　　张	12.5
插　　页	2
字　　数	150 千字
定　　价	68.00 元

凡购买中国社会科学出版社图书，如有质量问题请与本社营销中心联系调换
电话：010-84083683
版权所有　侵权必究

总　　序

　　2020年伊始，百年不遇的新冠肺炎疫情开始席卷全球。疫情暴发后，以习近平同志为核心的党中央充分发挥社会主义集中力量办大事的制度优越性，采取各种坚决有力的措施，成功地遏制了疫情蔓延，以人民至上、生命至上的抗疫精神写就了伟大的抗疫史诗。中国在统筹疫情防控和经济社会发展取得重大成果、决战脱贫攻坚取得决定性胜利的同时，面对世界百年未有之大变局，明确主张各国应当走团结合作、共克时艰之路。新冠肺炎疫情给世界各国人民生命、财产造成巨大损失，也暴露出当前全球治理体系的一系列问题：强权政治、冷战思维沉渣泛起，单边主义、保护主义逆流横行，以联合国为核心的国际秩序遭受冲击与挫折；个别国家领导层不是设法出台有效政策加强防控，而是竭力向外推卸责任；民粹主义、排外主义和反智主义思潮甚嚣尘上；等等。面对少部分国家将疫情政治化、病毒标签化的错误行径，中国坚定回击任何对中国制度与中国道路的造谣抹黑，坚定推动构建人类命运共同体。

　　今天，我们强调要讲好"中国故事"，既不能仅仅满足于以中国共产党一次又一次的成功、一个又一个的成就来讲述"中国就是能"，也不能脱离中国实践空谈不切实际的学术理论。要讲好中国故事，既要从理论上逻辑严谨地回答"中国道路为什么行"，又要讲清中国实践操作与理论的一致性及其细节细微之处蕴含的道理学理哲理。只有这样，才能阐述清楚"中国共产党为什么'能'""马克思主义为什么'行'""中国特色社会主义为什么'好'"，中国发展模式与发展道路才能成为有志于建立国际政治经济新秩序的国家心甘情愿学习与借鉴的对象。

回顾历史，我们认为抗击疫情是对中国特色社会主义制度的总体检阅，体现出中国特色社会主义道路、新型举国体制有着其他国家不可比拟的制度优势。基于历史发展规律与中国的探索，深入总结中国抗疫经验，有助于我们不断增强"四个意识"，坚定"四个自信"，做到"两个维护"。

第一，坚持马克思主义理论的科学指引，坚持中国共产党的正确领导。习近平总书记在纪念马克思诞辰200周年大会上的讲话中指出，"马克思主义不仅深刻改变了世界，也深刻改变了中国"[①]。马克思主义深刻阐释了人类社会发展的普遍规律和必然趋势，指明了无产阶级实现自由和解放的道路。百年来，中国共产党正是坚持马克思主义的指导，坚定马克思主义的信仰，不断推进马克思主义基本原理同中国实际相结合，成就了百年伟业。信仰信念任何时候都至关重要，在习近平新时代中国特色社会主义思想的指引下，中国取得抗疫的伟大胜利，取得了全面脱贫攻坚的伟大胜利，取得了全面建设小康社会的伟大胜利。习近平新时代中国特色社会主义思想是马克思主义中国化的最新成果，不仅丰富和发展了马克思主义，实现了理论和实践的良性互动，展现了马克思主义的科学属性和真理力量，也诠释了马克思主义理论

---

① 习近平：《在纪念马克思诞辰200周年大会上的讲话》（2018年5月4日），人民出版社2018年版，第11页。

强大的引领力和阐释力,并成为中国人民能够战胜疫情的精神力量。

第二,坚持以人民为中心,坚持生命至上。中国共产党一直把坚持群众路线,一切为了群众,一切依靠群众,从群众中来,到群众中去作为干事创业的基本准则。中国政府的所有决策,都是为了人民的长远利益,为了引导、促进、发挥群众追求解放的主观能动性。中国共产党始终将人民利益放在第一位,将增进人民福祉作为治国理政的目标。中国共产党来自于人民,党的根基和血脉在人民,为人民而生,因人民而兴,始终同人民在一起,为人民利益而奋斗,是我们党立党兴党强党的根本出发点和落脚点。[①]"人民立场是中国共产党的根本政治立场,是马克思主义政党区别于其他政党的显著标志"[②],大疫面前,习近平总书记坚定地指出,"人民至上、生命至上,保护人民生命安全和身体健康可以不惜一切代价"[③],"人民至上"也成为中国成功控制疫情,快速恢复社会、经济秩序的制胜法宝。

第三,坚持走中国特色社会主义道路,发挥社会主义制度优越性。中国特色社会主义道路是历史的选择、人民的选择,适应了中国的实际情况。中国特色社会主义制度和国家治理体系始终把整体利益置于首位,集中力量办大事的新型举国体制让中国在面临如新冠肺炎疫情的危机时临危不乱,渡过难关。历史经验告诉我们,在相似的生产力水平之下,人类组织的竞争力就体现为其组织水平,在人类面临如同新冠肺炎疫情这样的危机或要解决

---

① 参见习近平《在党史学习教育动员大会上的讲话》,《求是》2021年第7期。
② 习近平:《在庆祝中国共产党成立95周年大会上的讲话》,人民出版社2016年版,第18页。
③ 《习近平在参加内蒙古代表团审议时强调:坚持人民至上,不断造福人民,把以人民为中心的发展思想落实到各项决策部署和实际工作之中》,《党建》2020年第6期。

的生产力问题比较明确时，中国特色社会主义制度就有其必然的优越性。中国特色社会主义制度是新中国成立后数十年取得西方发达国家几百年成就的内在动因，也是中国抗疫行动取得战略性胜利的原因。在中国特色社会主义指引下，需要以正确的方式方法、执行手段，将这种制度优势落实到具体问题的解决进程之中。中国制度的优越性体现在政策制定导向的方方面面，教育与科技以人为本、基建与科研以发展为目标、金融支持实体经济、充分调动市场、发挥有为政府与有效市场作用等都是中国政策导向的体现。

同时，新冠肺炎疫情的溯源是一个科学问题，要由科学家群体按科学规律进行相关科研工作。新冠肺炎疫情给人类社会造成重大伤害——经济停滞乃至倒退、人口减少、国际社会交流冻结等，这是对各国制度体制进行总体检验的大事件。疫情暴发后，各国基于本国社会制度、文化心理、经济与科技发展水平等现实条件，出台了相应的财政金融政策、各项应急法律制度，开发与综合运用大数据技术、算法，基于生物医药技术开发疫苗，制定并实施了多项疫情防控模式。对各国疫情防控模式进行比较，对各项政策措施、科技运用体制进行对比分析，从中发掘面对重大外部冲击与危机时不同应对方式的优势劣势，有助于人类未雨绸缪，在和平年代做好应对危机的准备，这就是本套丛书出版的基本出发点。

2021年是中华民族伟大复兴进程中具有历史性意义的一年，既是中国共产党成立100周年，也是中国"十四五"规划的开局之年。当前，全球大国进入科技与体制全面竞争的年代，人类命运共同体是人类文明璀璨的未来。本套丛书的出版，有助于人们从根本上理解中国道路、理解中国共产党的执政历程及方针政策，也为回答"为什么中国能、为什么中国共产党能""为什么中国、中国共产党过去能，而且将来仍然能"等问题提供了相应的解释。以中国实践为指南构筑人类命运共同体，必将给世界各国带来一种真正以人为本、追求人类全方位发展与解放的全新的全球化道路。

编委会

2021 年 9 月 10 日

前　言

2020年年初，新冠肺炎疫情突然暴发，并迅速席卷全球。疫情全球化，既是全球化时代传播速度的重要体现，也加快了去全球化（deglobalization）的步伐。疫情危机之下，全球化的负面效应被放大。世界各国疫情防控"自扫门前雪"的国家主义举措，让全球化遭受重击，并赋予了"全球本土化"新的内涵，让多次承载危机并促进危机"软着陆"的乡村，不仅因乡村振兴而得到发展动力，更因为疫情危机而加大本土化压力。本书将在深入剖析全球化新趋势的基础上，分析去全球化、疫情危机对于中国21世纪粮食安全、脱贫攻坚衔接乡村振兴、城乡融合，以及对国家治理能力和应急响应能力建设的影响。本书研究并展望在经济全球化（globalization）转向全球本土化（glocalization）过程中，乡村如何更好地发挥出社会稳定压舱石、生活与就业蓄水池的功能，讨论疫情危机如何影响去全球化进程、重塑国家治理体系和乡村未来。

本书将做三部分研究。

一是背景部分。本部分有三章内容（1—3章），对去全球化、新冠肺炎疫情和21世纪中国国家战略和乡村未来进行宏观讨论，讨论疫情危机、全球本土化与有组织地负起责任，探讨谁来养活 21 世纪的中国，讨论全球化危机、去全球化与人类历史分水岭，讨论"和思维""战思维"与"全球本土化"的历史机遇。

二是影响部分。本部分有四章内容（4—7章），聚焦去全球化、新冠肺炎疫情对乡村未来的具体影响，讨论新冠肺炎疫情对中国乡村的四方面影响：（1）通过问卷调查，说明新冠肺炎疫情、饥饿记忆与抢购囤积粮食行为；（2）新冠肺炎疫情对脱贫攻坚和乡村振兴影响的案例分析；（3）乡村无接触经济发展和城乡良性互助的数字经济新机遇；（4）乡村在重大突发公共卫生事件下央地应急响应策略中的作用。

三是展望部分。本部分有两章内容（8—9章），展望去全球化与后疫情时代的乡村未来，认为乡村将成为"全球本土化"发展的重要基石，须通过市场、政府和社会"三只手"共舞，重新认识并发挥出农业的多功能性，建设"四生"农业，构建人类命运共同体。

本书基于全球观察、案例调研和问卷调查等，重点讨论去全球化、全球本土化和乡村未来，并对全球化危机中国内外复杂形势进行深入剖析，讨论其对历史进程的影响，同时展望乡村未来，对认识疫情影响下的去全球化格局，认准全球本土化的未来趋势，认清乡村振兴的压舱石功能，具有重要的理论价值和重大的现实意义。

卷 首 语

庚子之疫,加重了本来就以脱钩为标志的全球化危机。短期的疫情全球化,加快了中长期的去全球化步伐,使得我们需要面向21世纪,放眼全球,回答"谁来养活21世纪的中国"这一重大问题。面临人口峰值、营养升级和老龄化的持续挑战,预期21世纪前半叶,中国粮食供需将长期处于紧平衡状态,后半叶可能压力舒缓。新冠肺炎疫情中出现的粮食民族主义和饥饿出口现象,使得我们更加不能用外国粮养活中国人。食物体系中,生产者、消费者、中间商和政府这四大主体都需要由"有组织地不负责任",到"有组织地负起责任",通过构建完整的食物主权体系,在两个大循环新格局中,端好中国碗、装满中国粮,养活21世纪的中国。同时,世界经济严重衰退,全球产业链、供应链受到严重影响。疫情全球化,既是全球化时代传播速度的重要体现,也让各国付出了巨大代价。疫情危机之下,全球化负面效应被放大,世界各国疫情防控"自扫门前雪"的国家主义举措,更是让全球化遭受重击,但也赋予了"全球本土化"新的内涵。这场疫情,很可能成为人类历史的重要分水岭。

目　　录

第一章　谁来养活21世纪的中国？ ……………………（1）
　第一节　疫情危机下粮食安全形势基本判断 …………（4）
　第二节　中国在21世纪的食物需求 ……………………（8）
　第三节　谁来养活21世纪的中国？ ……………………（22）
　第四节　怎样养活21世纪的中国？ ……………………（29）
　第五节　结语：中国碗里的中国粮与两个大循环 ……（41）

第二章　全球化的"和思维"与"战思维"：
　　　　超越贸易摩擦 …………………………………（43）
　第一节　分析视角：对比观念框定战略选择 …………（45）
　第二节　中美贸易摩擦议题下的"战思维"与
　　　　　"和思维" ………………………………………（47）
　第三节　以"和思维"把握历史机遇：
　　　　　全球三层市场开放融合 ………………………（55）
　第四节　对全球化和国家战略的影响与展望 …………（65）

第三章　经济全球化向全球本土化的转变 ……………（68）
　第一节　新冠肺炎疫情加速了全球化危机与脱钩 ……（69）
　第二节　经济全球化：历史沿革与当下挑战 …………（73）
　第三节　全球本土化：理论沿革与中国实践 …………（79）

第四节　全球本土化的未来展望 …………………………（83）
　　第五节　新冠肺炎疫情：人类历史的重要分水岭 ……（85）

第四章　新冠肺炎疫情与粮食安全 ………………………（94）
　　第一节　新冠肺炎疫情对中国粮食安全的挑战 ………（94）
　　第二节　理解抢购行为的三个维度：
　　　　　　why、what、who …………………………（95）
　　第三节　粮食抢购的新解释：饥荒经历说 ……………（99）
　　第四节　数据获取与实证模型 …………………………（103）
　　第五节　实证分析 ………………………………………（109）
　　第六节　结论与政策启示 ………………………………（116）

第五章　新冠肺炎疫情、脱贫攻坚与乡村振兴 …………（118）
　　第一节　新冠肺炎疫情对西南山区脱贫攻坚的
　　　　　　现实挑战 ………………………………………（119）
　　第二节　对脱贫攻坚和乡村振兴的影响 ………………（122）
　　第三节　决胜脱贫攻坚，构建乡村振兴和稳定
　　　　　　脱贫长效机制 …………………………………（124）

第六章　无接触经济兴起与城乡互助格局 ………………（128）
　　第一节　疫情加速了城乡无接触经济的推广 …………（129）
　　第二节　大疫止于乡野：乡村多功能性和
　　　　　　本土化优势 ……………………………………（130）
　　第三节　乡村无接触经济：城乡二元结构到
　　　　　　城乡融合发展的催化剂 ………………………（131）
　　第四节　乡村无接触经济是未来的大势所趋 …………（133）

第七章　重大突发公共卫生事件下央地应急响应策略 …… （135）
　　第一节　新冠肺炎疫情"大考"的中国答卷 ……… （135）
　　第二节　理解新冠肺炎疫情应急的三个维度 ……… （136）
　　第三节　"模糊—冲突"矩阵与模糊冲突性分析 …… （139）
　　第四节　新冠肺炎疫情应急管理的逻辑 …………… （144）
　　第五节　结论与政策启示 …………………………… （151）

**第八章　三只手的舞蹈：政府有为、市场有效、
　　　　　社会有力** ……………………………………… （154）
　　第一节　政府：看得见的强手 ……………………… （154）
　　第二节　市场：日渐强悍的看不见的手 …………… （155）
　　第三节　政府市场经济：政府和市场
　　　　　　两只强手的组合 …………………………… （156）
　　第四节　社会：强有力的第三只手 ………………… （161）

**第九章　乡村未来：全球本土化、农业多功能性与
　　　　　"四生"农业** ……………………………… （164）
　　第一节　新冠肺炎疫情赋予"全球本土化"
　　　　　　新的含义 …………………………………… （164）
　　第二节　"四生"农业：对农业多功能性的
　　　　　　一个简化 …………………………………… （165）
　　第三节　疫情危机凸显乡土优势的重要性 ………… （169）
　　第四节　城乡互助新趋势和全球治理新未来 ……… （171）

参考文献 ……………………………………………………… （173）

后　记 ………………………………………………………… （181）

第一章 谁来养活 21 世纪的中国？

"谁来养活中国"这一布朗命题，提出已 27 年。虽然中国这二十多年很好地回答了布朗命题，但面向 21 世纪，放眼全球，仍然需要回答"谁来养活 21 世纪的中国"这一重大问题。新冠肺炎疫情影响下，全球已出现粮食危机。尽管中国短期内不存在粮食危机，但存在三大结构性紧张，面临人口峰值、营养升级和老龄化的持续挑战。预期 21 世纪前半叶，中国粮食供需将长期处于紧平衡状态，后半叶可能压力舒缓。新冠肺炎疫情中出现的粮食民族主义和饥饿出口现象，使得我们更加不能用外国粮养活中国人。笔者提出，应在全球本土化视野中，重新反思粮食数量安全、质量安全和权利安全问题。未来中国食物体系中，生产者、消费者、中间商和政府这四大主体都需要由"有组织地不负责任"，到"有组织地负起责任"，通过构建完整的食物主权体系，在两个大循环新格局中，端好中国碗、装满中国粮，养活 21 世纪的中国。

莱斯特·布朗（Lester Brown）1994 年发表了著名的《谁来养活中国？》（Who Will Feed China?）[1] 一文，使得中国的粮食安全问

---

[1] Brown L. R., "Who Will Feed China?", *The Futurist*, Vol. 30, No. 1, 1994, pp. 14–18.

题,成为了世界性话题。布朗命题曾引发激烈的论战,笔者也就此讨论过粮食主权①、食物主权②,参与了围绕布朗命题的论战并讨论了布朗命题的转换③。如今,21世纪已过去了20年,布朗命题的挑战并未真正过去,很多新的挑战又摆在面前,需要我们走出布朗命题中过分注重粮食数量安全的困境,走向更广义的、国际化的、适应21世纪挑战的新命题。故此,已经步入上中等收入国家行列的中国④,更加不能将养活中国的责任转嫁给世界,从而挤占比我们收入低的其他发展中国家和10%饥饿人口的食物份额,抬升粮食价格,加重贫困人口买不上、买不起的食物不可得危机。立足口粮绝对安全、食物基本自给,更是中国作为负责任大国的新形象,出现在世人面前的一个基本定位。因此,放眼21世纪,笔者提出"谁来养活21世纪的中国"这一新命题,在新冠肺炎疫情的短期影响、全球本土化的中期趋势上,讨论解决之道。笔者认为,21世纪的中国需要立足自主,建立完整的多层次食物主权体系,"有组织地负起责任",才能养活和养好中国。

笔者在2005年接待和全程陪同了布朗在中国人民大学的两天学术访问,和他讨论过粮食安全命题。针对中国许多专家对他

---

① 本书作者继2008年第一次在中国引入"粮食主权"概念,2010年第一次在中国引入"食物主权"概念,并区分A模式和B模式及一家两制后,再次讨论这一命题。周立:《粮食主权、粮食政治与人类可持续发展》,《世界环境》2008年第4期,第36—39页。周立:《极化的发展》,海南出版社2010年版。

② 周立:《世界粮食危机与粮食国际战略》,《求是》2010年第20期,第56—58页。

③ 周立、潘素梅、董小瑜:《从"谁来养活中国"到"怎样养活中国"——粮食属性、AB模式与发展主义时代的食物主权》,《中国农业大学学报》(社会科学版)2012年第2期,第20—33页。

④ 根据世界银行的收入组别划分,2019年的中等偏上收入国家门槛人均国民总收入(GNI)为3996—12375美元,同年,中国的人均国民总收入已经首次突破1万美元大关,达到10410美元。事实上,根据世界银行的标准,中国早在2010年就已经迈入中等偏上收入国家行列,当时的门槛为3976美元,而中国同年的人均国民总收入为4340美元。参见 https://databank.worldbank.org/source/world-development-indicators。

的挑战[①]，和已经多年粮食自足的基本事实，作为未来学家和环境学家的布朗仍然坚持他的忧患意识：中国只是延缓了人口和环境紧张的危机，并没有真正解决粮食危机问题。需要承认，他忧虑的基础性因素在21世纪已经过了20年后依然存在。由此，我们需要重新回到布朗提出的"谁来养活中国"命题本身，并面向整个21世纪讨论这一问题。布朗《谁来养活中国？》一文的论证结构如下：中国的粮食安全（food security）是世界性话题。伴随中国经济的高速增长，粮食需求增加与供给恶化的矛盾将日益尖锐，这决定了21世纪中国必将出现巨额粮食短缺，中国大量进口粮食将推动粮价大幅度上升，致使低收入国家和低收入人口无力购买必需的口粮，由此加剧世界的贫困问题，进而造成世界性的粮食危机。布朗提及的粮食安全，主要是数量安全，这更接近于中国语境的理解。《国家粮食安全中长期规划纲要（2008—2020年）》等近些年的政策文件，也着重在这一理解下解决供给侧的粮食供应危机，保持粮食综合生产能力和生产潜力，并保障供应。联合国在国际层面的推动，更多的是在需求侧解决食物不可得危机。疫情持续冲击下，全球粮食安全风险已不断积聚，粮食危机事实上已经出现。目前，各国对全球化危机与中国粮食安全的判断不尽相同，在解决粮食安全危机的方案上难以达成共识。因此，需要在全球背景下找到粮食安全危机的根源性问题，从根本上确保21世纪的中国粮食安全。

笔者关于粮食危机问题已有十多年调查研究，形成了对"谁来养活21世纪的中国"的新思考，也与一些不认为存在粮食政治

---

① 其中有影响力的是在中国农业政策领域极富影响力的6位农业专家的对话：《中国粮食的预测和对策——陈锡文、杜鹰、周其仁、卢迈、宋国青、王小鲁六人谈》，《改革》1996年第3期，第13—25页。

和国家战略的专家有过论战。① 以下从三个主要层面逐一解答："谁来养活21世纪的中国"这一命题蕴含的问题：第一，是否存在21世纪养活中国的命题？笔者认为，21世纪前半叶中国粮食供需将长期处于紧平衡状态，后半叶可能压力舒缓。2050年前主要应对人口增长和高位维持、营养升级和老龄化这三大挑战，努力度过人口峰值、食物需求峰值和老龄化峰值，直到2050年后，压力渐趋舒缓。第二，谁来养活21世纪的中国？笔者认为必须立足自主，放在全球背景下理解中国粮食安全问题，需要从全球本土化视角切入，构建包括国家主权、人民主权和自然主权在内的多层次食物主权。第三，怎样养活21世纪的中国？在多层次食物主权框架下，认识到生产者、消费者、中间商以及政府这四大主体都存在全球风险社会中"有组织地不负责任"，使得中国粮食安全的"千里之堤"有了不少"溃于蚁穴"的潜在风险，只有让四大主体在食物主权框架下"有组织地负起责任"，才能持续解决21世纪中国粮食安全问题，开辟一条主要由中国人来养活未来中国的根本出路。

第一节　疫情危机下粮食安全形势基本判断

一　全球已经存在粮食危机

粮食安全至少应包括数量安全、质量安全和权利安全三个方

---

① 例如与北京大学粮食问题专家卢锋在《战略与管理》平台上就是否存在粮食政治和粮食武器的论战。笔者在2006—2007年间访问美国一年，并在美国农场调查基础上，撰写了内部调查报告，在上一轮全球粮食危机中产生广泛影响，三年后才发表于《战略与管理》。详见周立《全球视野中的中国粮食问题——美国农场调查与美国的粮食政治与粮食武器写作的余话》，《北京日报》2008年6月2日；周立《美国的粮食政治与粮食武器——食物商品化、食物政治化及食物帝国的形成和扩展》，《战略与管理》2010年第5—6期，第68—79页；卢锋《美国1980—81年的粮食禁运——"粮食武器"有效性的一次失败检验》，《战略与管理》1998年第1期，第53—57页。

面。数量安全（"吃饱"），即中国人常理解的狭义粮食安全，也是布朗命题重点强调的。在国家政策中，更多表达为能力安全，尤其是综合生产能力与供应能力安全。质量安全（"吃好"），可以理解为食品安全和营养安全，后者主要体现为膳食结构多样性和均衡性。权利安全（"都吃"或"可持续吃"），即联合国层面理解的食物安全，尤其关注全球10%饥饿人口的基本生存权利。

当前的全球粮食安全危机，已经比2008年全球37国由于粮食供给不足而引发的骚乱①更加严重，只是世界各国的注意力深陷在疫情应对、美国大选等众多吸睛事件中，对于粮食安全（长期问题）和10%饥饿人口（弱势群体）的关注度远远不及2008年。早在1300年前，诗圣杜甫大声疾呼："朱门酒肉臭，路有冻死骨。"2020年4月，联合国粮食和农业组织（FAO）也发出警告：疫情可能引发创纪录的粮食危机。在一系列工作简报中，FAO指出，疫情对粮食供给产生了严重影响：阻碍小规模生产者的市场渠道；② 给粮食供应链带来压力；③ 导致劳动力减少，影响整地、播种、作物养护和收获，推动经济作物生产转为粮食作物生产，进而对家庭收入和粮食安全形成冲击。④

事实确实如此，至少有三个例证可以说明。一是粮食民族主义的出现。2020年，全球至少有越南、泰国、哈萨克斯坦、印度、塞尔维亚、俄罗斯等13个国家为保证本国供应，叫停过粮食出口。二是

---

① Bohstedt J., "Food Riots and the Politics of Provisions from Early Modern Europe and China to the Food Crisis of 2008", *The Journal of Peasant Studies*, Vol. 43, No. 5, 2016, pp. 1035 – 1067.

② FAO：《2019新型冠状病毒肺炎（COVID – 19）与小规模生产者市场渠道》，2020，https：//doi.org/10.4060/ca8657zh。

③ FAO：《2019新型冠状病毒肺炎（COVID – 19）与粮食供应链面临的风险：如何应对》，2020，https：//doi.org/10.4060/ca8388zh。

④ FAO：《2019新型冠状病毒肺炎（COVID – 19）期间的农产品市场与贸易政策》，2020，https：//doi.org/10.4060/ca8446zh。

饥饿人口增加。2020年9月，FAO首席经济学家托雷罗引用发布的《2020世界粮食安全和营养状况》表示，疫情蔓延导致许多发展中国家和贫困人群得不到基本食物，全球将新增8300万到1.32亿的营养不良人口，即饥饿人口。虽然FAO将中国的食物不足发生率由2004—2006年的8%大幅度下调至2017—2019年的低于2.5%[①]，并因中国的巨型规模效应，2014年全球食物不足发生率由一直以来超过全球人口总数的10%下调为8.9%，但到2030年，仍可能有超过9亿人会面临食物供给不足和营养不良问题。三是笔者的个人经历。2020年4—5月，笔者组织团队做疫情国际援助，其中包括柬埔寨、肯尼亚等一些低收入国家。笔者于2019年访问过肯尼亚首都内罗毕上百万人的贫民窟，知晓人员密集、无任何防疫卫生条件的贫民窟，将面临严峻的交叉传染风险，故此想基于疫情防控进行援助。但当地受援组织表示，相对于口罩、消毒水等防疫物资，他们更需要食物，由此我们的疫情援助转向了食物援助。2020年7月笔者参与南南论坛45国国际网络会议中，更得知许多发展中国家和贫困人口面临洪灾、蝗灾、疫情封锁等困境，得不到和买不起基本生存所需的食物，如笔者调研过的印度，数千万在城市失去生计的农民，为得到基本食物供应而选择数百甚至数千公里步行回家。食物权利被剥夺和供应链被阻断，在一定程度上导致全球多地出现了粮食危机。

二 中国短期内不存在粮食危机，但有三大结构性紧张

布朗命题影响下，中国适度回归了"以粮为纲"的农业政策。

[①] FAO在《2020世界粮食安全和营养状况》报告中，对中国等13个国家的食物不足发生率做出修订。在中国的巨型人口规模效应影响下，全球饥饿人口和食物不足发生率大幅度调低。去除中国影响发现，往期报告指出的趋势逆转，全球饥饿人口数量并未减少，自2014年以来一直缓慢增长，全球食物不足发生率自2014年以来均超过10%。由于统计口径修订影响，2019年饥饿人口也由原来估算的超过8亿人调低为6.9亿人。

这使得2004年以来中国粮食生产出现了"十七连丰"。因此，从总量上看，中国短期内不存在粮食危机。就粮食产能、国家库存和食物流通等层面看，中国有足够的粮食安全保障和供应能力。但不可否认，中国食物供求系统总量上长期的紧平衡，伴随着结构性高紧张。疫情影响下，粮食安全至少存在三大结构性紧张：品种结构紧张、长期结构紧张，以及疫情加剧的区域和层级结构性紧张。

首先是品种结构性紧张。种粮效益低、农业气象偏差、传统病虫害与输入性虫害叠加、国际经贸形势日趋复杂等挑战交织，是确保粮食产量、供应稳定的主要挑战。[①] 缺乏政策支持和国际竞争力的大豆、玉米等副食品加工和饲料用量，面临着巨大的品种结构性短缺，这些农产品进口须防控国际市场波动风险，存在国内、国外两大市场的结构性紧张。[②] 其次是长期结构性紧张。这体现在21世纪中国的人口与食物需求将长期处于高位，伴随着膳食结构调整、食物消费升级和老龄化进程，中国食物消费需求的紧张将在2050年之前长期存在（下文将重点论述）。最后是疫情加剧的区域与层级结构性紧张。全球量化宽松已造成食物价格上涨，国内封村、封户及封闭小区等临时管控措施，也会暂时阻断供应链，导致食物价格临时波动，这种食物价格波动会带来区域性紧张。食物市场四大主体"有组织地不负责任"，又会带来政府应急管理的层级性紧张。从粮食安全保障制度看，中央将粮食安全责任压到省一级，但地方层面更注重土地财政，胜于农地保护；更注重金融投资，胜于粮食安全。比如，对于"米袋子工程"，已经不仅是省长负责制，现在

[①] 钟钰、普蓂喆、刘明月：《新冠肺炎疫情对我国粮食安全的影响分析及稳定产量的建议》，《农业经济问题》2020年第4期，第13—22页。
[②] 程国强、朱满德：《新冠肺炎疫情冲击粮食安全：趋势、影响与应对》，《中国农村经济》2020年第5期，第13—20页。

又加上书记负责制。① 这正是层级性紧张的例证。

食为政首，粮安天下。手中有粮，心里不慌。数千年的饥饿经历，奠定了中国农耕文明的底层焦虑。疫情危机凸显了当前全球化格局和政治动员防控体系的脆弱性与临时性，我们对粮食安全问题的认识也需要更新。基于疫情危机下上述粮食安全的两大基本判断，笔者认为中国仍然需要布朗式"谁来养活中国"的危机意识，但更需要放眼整个 21 世纪的中国人口与食物需求，来考虑"谁来养活 21 世纪的中国"这一现实问题。就此，下文将这一命题具体分解为三个层次的问题进行论述：21 世纪的中国粮食形势如何；谁来养活 21 世纪的中国；怎样养活 21 世纪的中国。

第二节　中国在 21 世纪的食物需求

一　21 世纪的中国人口数量与食物需求

人口数量是影响食物需求的首要因素。21 世纪的前 30 年，中国人口还处于爬坡上升的阶段。据《柳叶刀》杂志对 21 世纪全球人口"中方案"的预测，2029 年中国人口会达到 14.42 亿的峰值，2030 年以后会缓慢下降。② 人口变化虽然缓慢，但势大

---

① 习近平总书记在 2020 年中央农村工作会议上指出，要牢牢把住粮食安全主动权，粮食生产年年要抓紧；对粮食安全的政治责任，要实行党政同责，"米袋子"省长要负责，书记也要负责。详见 http://www.gov.cn/xinwen/2020-12/31/content_5575882.htm。

② "中方案"是采取预期人口出生率的中位数值作为预测的人口数量变化趋势，以"中方案"为基准，通过中位数的高和低变异（+/-0.5 个孩子），分别形成"高方案"和"低方案"。详见 Christopher J. L. Murray 团队在《柳叶刀》杂志上发表的"Fertility, Mortality, Migration, and Population Scenarios for 195 Countries and Territories from 2017 to 2100: A Forecasting Analysis for the Global Burden of Disease Study"，https://www.thelancet.com/journals/lancet/article/PIIS0140-6736（20）30677-2/fulltext。

力沉。据《柳叶刀》杂志的"中方案"预测,2050年中国人口可能为12.7亿,2100年人口可能降为7.42亿。2100年时,中国将降为全球第三人口大国,印度(10.9亿)和尼日利亚(7.9亿)将分列第一和第二人口大国。联合国世界人口展望数据库提供的高、中、低三大方案,则更全面清晰地展示了中国和世界各国人口数量在1950—2020年间的实际变化,以及在21世纪的变化趋势预测(见图1-1)。

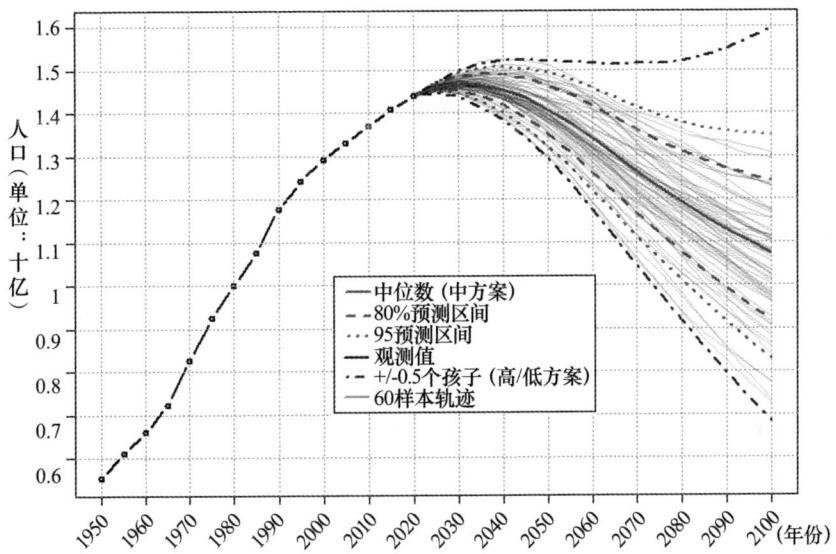

图1-1 中国人口数量及2020年后的多方案预测(1950—2100年)

注:人口预测基于总生育率和出生时预期寿命的概率预测。"中方案"是采取预期人口出生率的中位数值作为预测的人口数量变化趋势,显示了概率中位数以及概率总体预测的80%和95%的预测间隔,以及60样本轨迹(60 Samples Trajectories)预测。此外,中位数的高和低变异(+/-0.5个孩子),分别形成"高方案"和"低方案"。

资料来源:联合国《世界人口展望(2019)》。其中,对于中国的人口预测基于针对总生育率和出生时预期寿命的贝叶斯层次模型概率预测。具体的数据来源为:https://population.un.org/wpp/Graphs/Probabilistic/POP/TOT/156。

依据图1-1和联合国世界人口展望数据库的数据判断，中国的人口峰值可能出现在三个时间段。根据"低方案"推算，2024年为中国人口峰值，人口数量约为14.49亿，同期印度为14.22亿。若根据"中方案"推算，人口峰值在2031年出现，为14.64亿；印度人口在2027年超过中国成为世界第一，并在2031年达到15.14亿。若根据"高方案"推算，中国将出现两个人口峰值。第一个峰值在2044年，达到15.17亿，而印度人口在2026年就超过中国，并在2044年达到17.30亿。第二个峰值则在2070年后逐渐攀升，在2100年人口达到15.83亿，并可能持续保持增长，同期，印度人口则可能高达21.79亿（见表1-1）。值得注意的是，非洲的尼日利亚虽然面积只有92.4万平方千米，不足中国十分之一，但由于不采取任何控制人口措施，2020年人口已达2.06亿，很可能在2100年以"中方案"（7.33亿）和"高方案"（9.85亿）的人口数量，跟随印度超越或接近中国的"低方案"（6.84亿）和"中方案"（10.65亿）。

表1-1　　21世纪三个主要人口大国的人口数量多方案预测　　（单位：亿人）

	测算方案	2030	2035	2050	2100
中国	低	14.37	14.13	12.94	6.84
	中	14.64	14.61	14.02	10.65
	高	14.92	15.09	15.15	15.83
印度	低	14.68	14.90	14.89	9.11
	中	15.04	15.54	16.39	14.47
	高	15.40	16.18	17.93	21.79
尼日利亚	低	2.58	2.85	3.71	5.31
	中	2.63	2.95	4.01	7.33
	高	2.68	3.05	4.32	9.85

资料来源：联合国《世界人口展望（2019）》。具体的数据来源为：https://population.un.org/wpp/Graphs/Probabilistic/POP/TOT/156。

21世纪中国粮食需求的趋势性变化,将随着人口数量和消费升级先上升,在持续高位运行后缓慢下降。按照中国科学院数学所有学者进行的关于2020—2050年中国食物用粮需求的测算,2030年中国人口高峰时,食物用粮会达到3.9亿吨的峰值。[①] 这仅指人口的食物用粮,并不包括饲料用粮。中国社会科学院人口与劳动经济研究所和南京农业大学有关学者使用标准人消费指数估算,2030年粮食需求总量峰值为6.5亿吨。[②] 政府层面更认可的测算结果是,2030年中国粮食需求峰值为7.1亿吨。[③] 粮食需求峰值与人口峰值会接近同步出现,并维持很长一段时期。但到2050年以后,无论从哪个方案看,中国的人口都将比印度少2亿人或以上,粮食消费量和进口量很可能不再是世界第一。这意味着,粮食消费峰值将伴随人口峰值和完成营养升级而度过,在2050年后食物需求紧平衡状况将有所缓解。

二 21世纪的中国膳食结构与营养升级

粮食需求数量不仅受人口数量影响,还受第二大因素,即膳食结构的影响。养活21世纪的中国,并非如很多预测方案那样简单地推断因收入增加而带来不断的营养升级,即食物需求升级,而是要看到中国居民膳食结构的不均衡和不合理,推动居民膳食结构朝着合理的方向调整。在满足第一层次的数量安全后,中国在21世纪第一个十年就开始关注食物的质量安全——食品

[①] 刘庆、刘秀丽、汪寿阳:《基于合理膳食结构的2020—2050年我国食物用粮需求测算》,《系统工程理论与实践》2018年第3期,第615—622页。
[②] 向晶、钟甫宁:《人口结构变动对未来粮食需求的影响:2010—2050》,《中国人口·资源与环境》2013年第6期,第117—121页。
[③] 杜鹰:《中国的粮食安全战略(上)》,《农村工作通讯》2020年第21期,第35—38页。

安全和营养安全。但由于长期以来"吃饱"问题("以粮为纲"的数量安全)主导了中国粮食政策,对"吃好"问题(以食品安全和营养健康为主的质量安全)有所忽略。这一方面表现为食品安全问题(此处暂不讨论),另一方面表现为膳食消费结构的不合理,使得谁来养活中国(吃饱)问题解决的同时,怎样养活中国、养好中国(吃好、吃得健康)成为新问题。①展望 21 世纪,食物需求不仅应当包括人们对食物的质量安全需求,还应进一步考虑更高层级的食物主权需求。

从膳食结构看,中国居民消费需求结构与《中国食物与营养发展纲要(2014—2020 年)》(以下简称《纲要》)中倡导的合理膳食目标还有不小距离(见图 1-2)。

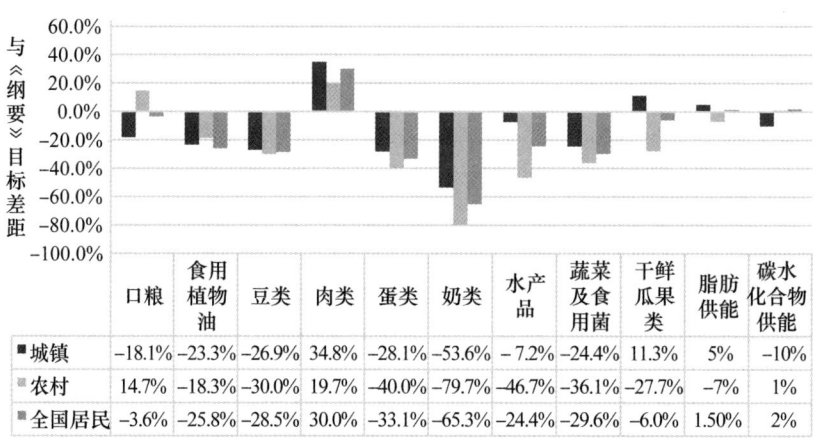

图 1-2 中国城乡居民食物升级需求与《纲要》目标的差距(2019 年)

资料来源:根据《中国统计年鉴(2020)》《2019 中国居民营养健康状况调查报告》与《纲要》整理计算。其中,肉类消费量是狭义的肉类(猪肉、牛肉和羊肉)和禽类的加总;脂肪供能和碳水化合物供能消费量的数据来自《2019 中国居民营养健康状况调查报告》。

---

① 周立、潘素梅、董小瑜:《从"谁来养活中国"到"怎样养活中国"——粮食属性、AB 模式与发展主义时代的食物主权》,《中国农业大学学报》(社会科学版)2012 年第 2 期,第 20—33 页。

中国城乡居民食物升级需求与《纲要》目标的差距主要表现为消费需求局部升级过度、膳食结构趋于不合理，具体表现为肉类和脂肪摄入超标，城镇居民显然高于农村居民。城市居民的肉类摄入量竟然已经超过《纲要》建议的1/3，农村也接近20%，加上人群间结构的极不均衡，使得肉类消费结构需要花费很大力量进行再平衡。值得一提的是，对中国居民油脂摄入是否超标存在较大争议：一方面，消费需求量存在超标现象，卫生部门的许多报告就将这一因素与日益高发的心脑血管疾病趋势相关联；另一方面，部分营养学家以《中国统计年鉴》的油类消费更接近于摄入（"吃进肚里"）的标准，这一标准低于《纲要》目标的消费量。但需要说明的是，《中国统计年鉴》主要统计植物油的消费量，若将农村居民普遍使用的动物油脂统计在内，油脂供能显然会超过《纲要》的膳食标准。

在营养学界，食物摄入缺乏多样性被称为"隐性饥饿"，在中国具体表现为肉类和油脂类消费过多。这种趋势性特征，使得中国作为典型的发展中国家，普遍患上了"三高"（高血脂、高血压、高血糖）和高尿酸为基本诱因的"发达病"。据国家卫健委等联合发布的《中国居民营养与慢性病状况报告（2020年）》显示：2019年因慢性病导致的死亡占总死亡的88.5%，其中心脑血管病、癌症、慢性呼吸系统疾病死亡比例为80.7%。报告还强调，成年男性和女性平均体重分别为69.6千克和59千克，相比2015年，分别增加了3.4千克和1.7千克，一半以上的成年人超重或者肥胖。肥胖已是中国居民现在以及未来相当长一段时间的大问题。[①] 对标中国的东邻

---

① 参见《中国居民营养与慢性病状况报告（2020年）》发布会，http://www.scio.gov.cn/xwfbh/xwbfbh/wqfbh/42311/44583/index.htm。

日本，可以清楚发现问题所在。中国和日本均属于典型的"动植物兼用型"消费模式，具有以谷物为主的主食消费理念，食物消费结构类似。世界卫生组织统计数据显示：2019年，日本人平均预期寿命83.7岁，高于中国（76.1岁）7.6岁之多，位列世界第一，而这些均离不开日本政府对国民营养工作和食物结构调整的重视。① 可以预见，膳食结构的平衡与改善，将成为中国食物需求数量变化的重要因素。例如，适度减少肉类和油脂的消费，有助于大量调减过腹转化这种饲料用粮的消费需求，而这是大豆和玉米等饲料进口的主要原因。例如，若按《纲要》标准调减30%的肉类消费，则意味着2020年超过1亿吨的大豆进口，可以减少大约三成，从而使得总体进口量因膳食结构改变而发生很大改变，也会舒缓2050年前人口峰值和高位缓降中的粮食安全保障压力以及居民医疗健康保健支出。

三　21世纪的中国老龄化进程与食物结构变化

粮食需求数量的第三大影响因素是老龄化。结合21世纪中国各年龄段的人口变化趋势（见图1-3），可见65岁以上的老龄化趋势已经相当明显。② 中国人口数量和结构相继承受"人口太多""人口太老""未富先老"的持续挑战。

在图1-3中，从（a）到（c）说明的是，65岁以下各年龄段人口数量在2020年后都呈阶段性下降的趋势，只有（d）中65岁

---

① 尹业兴、贾晋、申云：《中国城乡居民食物消费变迁及趋势分析》，《世界农业》2020年第9期，第38—46页。
② 1956年，联合国《人口老龄化及其社会经济后果》确定的划分标准是，当一个国家或地区65岁及以上老年人口数量占总人口比例超过7%时，则意味着该国家或地区进入老龄化。1982年维也纳老龄问题世界大会确定60岁及以上老年人口占总人口比例超过10%，意味着该国家或地区进入老龄化。

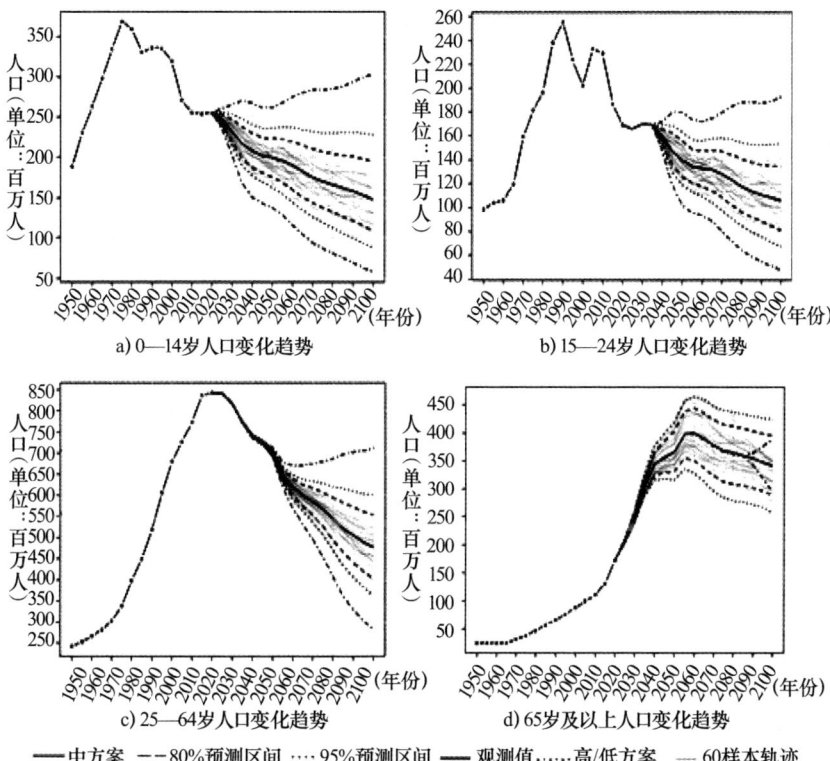

图1-3 中国老龄人口及2020年后老龄化进程的多方案预测（1950—2100年）

注：人口预测基于总生育率和出生时预期寿命的概率预测。"中方案"是采取预期人口出生率的中位数值作为预测的人口数量变化趋势，显示了概率中位数以及概率总体预测80%和95%的预测间隔，以及60样本轨迹（60 Samples Trajectories）预测。此外，中位数的高和低变异（+/-0.5个孩子），分别形成"高方案"和"低方案"，其中，对于中国的人口预测基于针对总生育率和出生时预期寿命的贝叶斯层次模型概率预测。

资料来源：联合国《世界人口展望（2019）》，具体的数据来源为 https://population.un.org/wpp/Graphs/Probabilistic/POP/TOT/156。

及以上的老龄化人口呈现较为明显的上升，且维持在高位，直至2100年。具体而言，2020年，中国65周岁及以上人口占总人口的比重为11.97%，而根据"中方案"预测，该比重在2030年为16.87%，2035年为20.68%，2050年为25.07%，2055年之后一直在30%左右，并在2100年缓慢攀升到31.85%。据国家卫健委等多部门人士预测，中国60岁及以上人口比重在2030年将达到25%，2050年或将达到35%。①另据《中国发展报告2020：中国人口老龄化的发展趋势和政策》，自2000年迈入老龄化社会之后，我国人口老龄化的程度持续加深。到2022年左右，中国65岁以上人口将占到总人口的14%，实现向老龄社会的转变，2050年中国65岁以上人口将占到总人口的27.9%。②

"未富先老"和"未备先老"③双重挑战下的老龄化进程，将通过对食物需求数量和结构的影响带来食物结构变迁。老龄化对食物结构和总量的影响机制，学界尚存在很大争论，甚至有方向性的巨大差异。一方面，在总量上有促进说。如蔡昉引用都阳等人的研究认为，老年家庭的食品消费比年轻家庭高21.4%，医疗保健消费更高出213%。④受到人口老龄化促进的居民消费有两种：医疗保健和食品类消费，贡献率分别为14.5%和3.3%。⑤这意味着，老龄化对食物需求升级和强大的支付意愿，可能会导致食物需求峰值不会过早出现，反而一步步推升和高位运行。但另一方面，在结构上则有抑制说。老龄

---

① 见中国行业经济网（http://www.chinazjph.com/shujufenxi/3172.html，2018年11月29日）。

② 见中国产业经济信息网（http://www.cinic.org.cn/sj/sdxz/shms/850509.html，2020年6月28日）。

③ "未备先老"主要体现为思想准备不足、制度供给不足、服务供给不足、保障结构失衡等多方面。这一概念由中国社会保障学会会长郑功成提出。详见《郑功成：应对人口老龄化的关键是解决"未备先老"问题》，2020年12月19日，中国新闻网（https://www.chinanews.com/gn/2020/12-19/9366529.shtml）。

④ 蔡昉：《如何开启第二次人口红利？》，《国际经济评论》2020年第2期，第9—24页。

⑤ 朱勤、魏涛远：《中国人口老龄化与城镇化对未来居民消费的影响分析》，《人口研究》2016年第6期，第62—75页。

化的人口结构将对肉类等高热量食物需求渐趋下降，膳食结构随之调整，由此减少过腹转化的饲料用量需求，使得粮食供求压力趋缓。若据结构抑制说判断，老龄化程度加深或将适度减少粮食需求，使粮食需求峰值可能早于人口峰值和老龄化峰值到来。

展望整个21世纪，在2050年前，中国粮食安全基本形势是，还将保持生产、消费、进口"三大世界第一"。[①] 但2050年之后，由于中国相继越过了人口峰值、食物消费峰值，老龄化峰值也将相对稳定，在粮食生产量继续保持世界第一的同时，粮食消费量和进口量会高位缓降。只有在人口"高方案"中，我们需要为2070年后中国人口再次持续缓慢增长所带来的食物消费增长做足准备。

总体而言，中国在21世纪的食物需求不仅总量庞大，还将伴生长期的结构性紧张。近20年来，虽然中国粮食供求能保持基本平衡，但一直属于"紧平衡"，而以上的讨论说明，这个紧平衡状态还至少要维持到2050年。在此期间，不排除粮食自给率会进一步下降的可能。因此，从粮食战略的制定与执行上看，"端好中国碗、装满中国粮"的粮食政策会一直持续到21世纪中叶，"谷物基本自给、口粮绝对安全"的新粮食安全观会持续很长一段时期，"以我为主、立足国内、确保产能、适度进口、科技支撑"的国家粮食安全战略也应当长期坚持。

中国在保障自身粮食供给的同时，还要清晰认识自身庞大食物需求对世界产生的巨大影响。中国并非世界上普遍认为的"大

[①] FAO. World Food and Agriculture Statistical Pocketbook 2019: page 54, http://www.indiaenvironmentportal.org.in/content/465944/world-food-and-agriculture-statistical-pocketbook-2019/? page =. 2019-10-01.

国",而是人口与市场超大规模的"巨国",具有"巨国效应"①。须知,尽管每年全球粮食的贸易量都在增加,但这些贸易之和甚至不及中国粮食消费量的一半。② 作为人口超大规模国家的中国,手里只能端着中国碗,碗里也只能主要装着中国粮。中国历来有这样的危机意识和全球意识,当前也有足够的粮食储备,各城市还建立了应急成品储备粮机制,储备量大体上能够满足一年的食物消费量,远远高于国际上17%的安全线。③ 因此,立足国内保障粮食充分供应的战略选择,不仅是中国政府对中国人民的国家责任,也是对全球陷入营养不足困境的发展中国家和10%饥饿人口的国际责任。

四 疫情危机、粮食民族主义与饥饿出口的不可持续

疫情危机无差别地席卷全球,使得人类在历史上第一次如此深刻地认识了"同呼吸、共命运"这一中国话语的真实含义。实际上,人类命运共同体不仅在抗疫过程中表现了出来,也需要在保障粮食安全上表现出来。但名义上是共同体,各国在疫情应对和粮食安全保障上显然"不同心"。

首当其冲的是粮食民族主义。一些粮食比较紧张的国家,尤

---

① "巨国效应"又称超大规模性,它承认巨大规模性带来了"规模负荷",但这种只有巨国独有的超大规模性造就了中国"世界工厂"的地位。中国的"巨国效应"为理解由中国庞大的消费人群和市场规模所形成的特殊优势提供认识基础,对中国模式和中国道路的独特性具有较强的解释力。例见冯兴元《"巨国效应":中国的城镇化和市场化》,《中国中小企业》2014年第10期,第15页。宋文群《"巨国经济":中国经济持续发展的驱动力》,《江南论坛》2011年第11期,第14—16页。

② FAO:《2020年农产品市场状况——农产品市场和可持续发展:全球价值链、小农和数字创新》,罗马,2020,参见 http://www.fao.org/documents/card/en/c/cb0665zh。

③ 国家粮食局说明,中国的国家粮食储备分为中央储备和地方储备两个部分,是政府进行粮食宏观调控的重要物质基础。目前,中国的粮食储备数量大大高于国际公认的库存消费比17%—18%的粮食安全线,粮食供应是有保障的。参见 http://finance.people.com.cn/n/2012/0907/c71364-18944085.html。

其是一些发展中国家，在疫情爆发时担心国内供应不足，出现粮食出口叫停的政策，其中包括越南、泰国、俄罗斯、乌克兰、罗马尼亚、哈萨克斯坦、埃及等13个国家（见表1-2）。粮食民族主义政策必然会造成国际市场动荡不安。若引发各国纷纷效仿，价格增幅扩大，将会造成全球粮食市场价格波动加剧。这对依赖进口的贫困国家以及人道主义机构的物资采购工作，伤害尤甚。此外，中长期来看，价格大幅波动和政策环境不明朗，将抑制粮食生产积极性，限制出口国家的投资积极性。[①]

随着疫情预期趋稳，粮食民族主义稍有收敛。但与此同时，国际上还出现了反向的饥饿出口现象。[②] 具体而言，为换取工业品和满足国内精英群体的需求，在部分国民饥饿的状况下，政府仍然力推出口粮食。这不仅暴露出一些国家的治理出现问题，也暴露出严重的食物权利不平衡和不平等问题。2020年，饥饿出口现象依然存在，其中一个典型例子是印度。笔者和所在研究团队，曾多次赴印度乡村实地调研，也参与主办了七届"南南论坛"，2020年特别为印度设置了一天的专门论坛，对印度情况有所了解。印度耕地面积排在世界第二位，仅次于美国，一年可以做到两熟或三熟。虽然印度的国土面积只有298万平方千米，不到中国的三分之一，但是耕地总面积和人均面积都比中国多三成。中国的耕地面积为1.2亿公顷。印度则为1.6亿公顷，然而，印度的粮食产量只有中国的一半，而其人口规模却与中国基本相当，2020年已达13.8亿人。从粮食供需情况看，印度是粮

[①] Headey D., Fan S., *Reflections on the Global Food Crisis: How Did It Happen? How Has It Hurt? And How Can We Prevent the Next One?* M. Washington, D. C.: International Food Policy Research Institute, 2010.

[②] 饥饿出口出自俄国沙皇时期。为了筹措发展工业和铁路的资金，1892年任财政大臣的维什涅格拉茨基提出："不吃饱，也要出口。"这种因国内生产能力和水平有限，只能交易粮食，依靠压缩消费，保证出口的做法，史称饥饿出口。

表1-2　　疫情期间世界各国粮食民族主义政策例举

国家	政策内容	影响力	结果
越南①	履行已签署的合同，不再签署新的大米出口合同	世界第三大水稻出口国	出口中断在东南亚引发了供应危机
俄罗斯②	禁止对欧亚经济联盟外的地区出口荞麦、大米等粮食	全球最大的小麦出口国	促使美国采取反制措施
罗马尼亚③	紧急状态下禁止向欧盟以外的国家出售谷物	欧盟重要的谷物出口国	首个禁止谷物出口的国家；引发小麦期货价格上涨了12%，加剧全球市场担忧
哈萨克斯坦④	停止面粉、玉米及糖类的出口	独联体最大农业出口国	全球粮食价格上涨推其国内通胀
埃及⑤	停止大豆出口	非洲第二大大豆出口国	非洲多国粮食价格受影响
印度⑥	21天封锁，以减缓新冠肺炎病毒传播	全球最大稻米出口国	"粮食白白烂掉，穷人却难果腹"

资料来源：根据新闻报道整理。①《3月24日起越南暂停出口大米》，2020年3月20日，越南人民报网（https://cn.nhandan.com.vn/newest/item/.html）。②《因疫情扩散，俄罗斯决定7月1日前停止粮食出口》，2020年5月5日发，凤凰网（https://tech.ifeng.com/c/7wDi7eF77tQ）。③驻欧盟使团经济商务处：《罗马尼亚禁止谷物出口加剧世界对粮食供应安全的担忧》，2020年4月24日，http://www.mofcom.gov.cn/article/i/jyjl/m/202004/20200402958642.shtml。④《哈萨克斯坦等多国叫停粮食出口，我们会缺粮吗?》，2020年4月1日，新京报（https://finance.sina.com.cn/roll/2020-04-01/doc-iimxxsth3060890.shtml）。⑤《宣布停止豆类产品出口后，埃及再次行动！抢先订购360万吨小麦》，2020年3月31日，路透社（https://www.reuters.com/article/instant-article）。⑥《12国拟启动粮食限制，印度已暂停大米出口！中国将如何应对?》，2020年4月7日，https://www.world-grain.com/articles/11776-india-forecast-to-harvest-record-rice-crop。

食净出口国家，连续八年位居全球稻谷第一出口国，2020财年的前6个月，印度大米出口量达到750万吨，大增70%。行业专家称，2020—2021年度，预期出口量可能大幅增加15%。① 与此同时，印度却有27%的人口吃不饱饭，20%的人口营养不良。这使得在全球117个发展中国家中，印度在世界饥饿指数的排名仅为102位。② 常理上看，一个国家应该优先保障食物供给国内民众，再将多余的粮食用于出口。但印度为何要让国人忍饥挨饿，还要对外出口粮食呢？1998年诺贝尔经济学奖得主、印度裔经济学家阿马蒂亚·森（Amartya Sen），是研究食物权利问题的顶级专家。具有讽刺意味的是，因缺乏食物权利而引发的乱象却更多、更持续地发生在印度。受制于当地种姓制度、宗教制度等错综复杂的因素，印度人的食物权利呈现出极端的不平衡与不平等特征，使得大量人口被排斥在食物供应体系之外。印度国内食物不足的原因，不是粮食供给量的短缺，而是食物分配制度出了问题，具体来说，是食物权利保障出了问题。

疫情危机下粮食民族主义和饥饿出口的矛盾现象，正在说明一个基本事实：粮食本身没有国界，但粮食贸易有国界。粮食的核心属性是关乎国计民生的生存必需品和战略品，不是普通的商品或贸易物资。多国政府迫于疫情压力，做出不利于国际上调剂粮食余缺的反市场行为，导致全球粮食安全局势日趋复杂化。为此，我们应该清醒地意识到，粮食不仅仅是商品，也不首先是商品。立足粮食是生存必需品和战略品，才能将其当成国家公共物品，保障每一位国民的食物权利。③ 中国置身当前复杂多变的世

---

① 见哈尔滨谷物交易所网（http://www.hge.com.cn/zxlsdm/202005/56882.html），2020年5月27日。
② IFPRI. 2020 Global Hunger Index，http://www.ifpri.org/publication/2020-global-hunger-index，2020-10-14。
③ 周立、潘素梅、董小瑜：《从"谁来养活中国"到"怎样养活中国"——粮食属性、AB模式与发展主义时代的食物主权》，《中国农业大学学报》（社会科学版）2012年第2期，第20—33页。

界格局中，更加不能期待用外国粮养活中国人。一旦中国的粮食自给能力下降，粮食安全出现危机，也不能指望世界上任何国家有意愿、有能力出手相救。相反，若中国较大规模在国际市场购买粮食，必然导致国际粮价应声上涨，加重粮食采购成本，更加使很多低收入国家和饥饿人口陷入买不起粮食的困境，也对中国努力塑造的负责任大国的国际形象大为不利。2020年年初非洲蝗灾肆虐的时候，有人评论道，"击打器物，制造噪声，并不能够杀死任何的蝗虫，只是将麻烦传递给邻居而已"。在一定程度上，这个评论也能够形象地解释粮食民族主义和饥饿出口所带来的负面影响。如果没有一个新的全球治理理念与模式来应对全球粮食危机，不仅将加剧疫情之下的饥饿状况，还将对现有全球化格局形成重大挑战。

第三节　谁来养活21世纪的中国？

实际上，从全球食物供求总量看，粮食供给总体上能够满足所有人的消费需求。众多饥饿人口的出现，并非因为没有粮食，而是缺少食物权利。这与20世纪90年代中期全球兴起的食物主权运动相关。下文将介绍食物主权安全作为一项非传统安全，是全球化危机对人类最基本需求提出的一项新命题。在全球粮食产量能够满足全球粮食需求的基本背景下，为何全球还有10%的饥饿人口？为何粮食安全依旧是联合国可持续发展目标（sustainable development goals，SDGs）在2015—2030年间努力解决的基本问题？我们需要对全球化危机的根源进行反思，并从全球本土化的思维出发，基于食物主权与食物权利概念，重新认识粮食数量安全、质量安全和权利安全问题。

第一章

谁来养活21世纪的中国?

一 全球化危机、世界风险社会与全球本土化

全球化危机,一定程度上来自"有组织地不负责任"。① 与国家危机、国际危机在范围和层次上有所不同,全球化危机指全球各个国家都不可避免的共同危机。其主要特征包括三大方面:一是全方位、多层次,多重危机并发;二是破坏力大,持续时间长;三是不分国界、扩散范围广和难以控制。② 责任与风险密切相关。德国社会学家乌尔里希·贝克(Ulrich Beck)自20世纪80年代起相继出版和发表了一系列关于世界风险社会的书籍、文章,提出"有组织地不负责任"概念。③ 这一概念强调在各种类型的风险面前,大家都倾向于推诿。由个人与组织之间,到组织与组织之间,再到国家之间,都在发生责任与风险不匹配的情况。全球化过程中,纷至沓来的各种类型风险充斥,形成了世界风险社会。贝克认为,世界风险社会的风险与全球化危机的风险具有高度一致性,"可以被界定为处理现代化自身诱致的危险和不安全的系统方式。与一般的危险不同,世界风险社会的风险是具有威胁性的现代化力量,以及现代化导致的怀疑全球化所引发的结果"。可以说,"有组织地不负责任"正是积聚全球风险、产生全球化危机的原因。

新冠肺炎疫情中,全球多国出现"有组织地不负责任""有组织地推卸责任",甚至"有组织地制造风险",这是有目共睹

---

① 乌尔里希·贝克:《世界风险社会》,南京大学出版社2004年版,第19页。
② 王晓成:《论公共危机全球化趋势》,《社会科学》2004年第6期,第53—57页。
③ 乌尔里希·贝克在其著作《解毒剂》(*Counter-Poisons*)中如此定义"有组织地不负责任"(organized irresponsibility),是指公司、政策制定者和专家结成的联盟首先制造了当代社会中的危机,然后又建立一套话语来推卸责任,这样普通社会成员长期以来由于缺乏风险意识而对风险一无所知,或者产生"对恐惧的否认"。

的事实。疫情也加速了新一轮去全球化的浪潮。各国政府纷纷选择关门自保、暂缓贸易、各自为政。应该说，当下全球或主权国家之间几乎没有出现"有组织地负起责任"的例子。具体到全球粮食危机应对上，也是一样。全球性粮食危机发生时，既没有全球性的政府，也没有负有全球性责任的风险共同体，能够出面解决。这些因"有组织地不负责任"而形成的全球治理困局，促使全球本土化的理念，作为一种应对全球化危机的新思路，进入人们的视野。

全球本土化最初是指"全球化思维，本土化实践"（think globally and do locally）。这一概念，最早见于日本学者三吉将夫（Masao Miyoshi）和哈路图尼安（Harry Harootunian）在1989年发表于《哈佛商业评论》上的文章，后来由杜克大学出版社将其纳入《后现代化主义与日本》出版。[1] 20世纪90年代初，西方社会科学界为理解全球化导致的时空压缩、文化同质，以及价值融合等现象，将"全球化"（globalization）和"本土化"（localization）两个概念合成一个新词——全球本土化（glocalization）。[2] 其目的是，尝试引入同质化的文化和社会元素，以更大限度地提高产品收益与企业收入。[3] 全球本土化不仅说明全球化与本土化的各自进程，还通过突出双向互动的意义，揭示出此前被遮蔽的地方经验对全球化进程的能动作用。[4] 全球本土化不仅在经济、

---

[1] Miyoshi M., Harootunian H. D., *Post-mordenism and Japan*, Durham: Duke University Press, 1989.

[2] Robertson R., "Globalisation or Glocalisation?", *Journal of International Communication*, Vol. 27, 2012, pp. 191 – 208.

[3] Lehmberg D., Hicks J., "A 'Glocalization' Approach to the Internationalizing of Crisis Communication", *Business Horizons*, Vol. 61, No. 3, 2018, pp. 357 – 366.

[4] 杨雪冬：《美国学者罗西瑙谈全球化与本土化的互动作用及其后果》，《国外理论动态》1998年第3期，第22页。

政治等方面开展的学术讨论中独树一帜，还力主应从社会、文化等方面推进研究。这一思路受到萨斯基娅·萨森（Saskia Sassen）、阿尔君·阿帕杜莱（Arjun Appadurai）等研究全球化学者的赞同和应用①，成为全球化研究的"文化转向"。

显然，与全球化理论相比，全球本土化的理念在粮食安全问题上能体现出更深刻的洞见。② 全球本土化的特点是，用本土创造与地方创新的事物来更好地服务于全球需求。这是一种自下而上、由内而外的全球化。③ 它意味着，在国家内部、地区之间，只要各个主权国家的政府不缺位，就可以"有组织地负起责任"。这为寻找解决粮食危机的全球本土化方案开辟了一条出路。

尽管在粮食安全和国家战略的方案选择上，中国可对标的国家不多，但以日本和美国为主的国际经验，也足够让中国完成自身定位并认清前进方向。日本在资源、历史、文化、社会和食物结构上与中国类似，但它不具有完整的国家粮食主权，总体上只有30%的粮食自给率，更谈不上操控全球格局的粮食战略。但日本在一二三产业融合（或称"六次产业"）、农业多功能性、农业支持体系、农田综合整治、营养安全与膳食结构、综合合作的农民组织、科技投入与丘陵地区老人农业的小型机械化等诸多方面，都值得中国学习模仿。相比较而言，美国则在经济规模、超级大国国际地位和国家影响力方面，与中国类似。在21世纪上半叶，中国与美国会有一段长时期的战略僵持时期。中国极大概

---

① Schaeffer R., "Globalization and Its Discontents: Essays on the New Mobility of People and Money", *Social Forces*, Vol. 13, 1999, pp. 1197–1198.
② 吕斌、周晓虹：《全球在地化：全球与地方社会文化互动的一个理论视角》，《求索》2020年第5期，第105—113页。
③ Roudometof V., "Transnationalism, Cosmopolitanism and Glocalization", *Current Sociology*, Vol. 7, 2016, pp. 113–135.

率能超越美国的全球领导地位。在这种情况下，中国更须秉持谦虚与批判并重的态度，学习借鉴美国的产业化、规模化、国际综合战略、农业补贴休耕与能力保育、高度组织化的专业合作等多方面经验，同时避免马首是瞻、食洋不化。值得注意的是，中国不可能简单地推行美国式的农业产业化、规模化，因为不具备美国的资源基础、技术基础和社会基础。抛开资源与技术条件不论，仅仅中国两亿多农户的"大国小农"基本国情，以及数千年的农耕文明和危机应对经验，就决定了它必须从自身国情出发，开拓一条中国道路。我们需要将对标国家的成功经验和自身优势结合起来，形成有效的全球本土化应对方案，为应对全球化危机寻找出路。

二 全球本土化时代的食物主权

全球化危机因新冠肺炎疫情而加重，也由此加速走向全球本土化时代。这需要我们在全球本土化背景下，重新思考立足自主的粮食安全体系的制度基础。

全球化本应如自由贸易理论所描绘的那样，为食物在世界范围的自由流动提供保障，但事实却是，它为全球粮食危机的产生积聚了风险。新冠肺炎疫情应对和全球化脱钩，使得全球食物供应链的重构难以避免，更多食物将由本土供应，全球主义将让位于区域主义。[①] 但这只是全球化危机的应对策略，并不是当前全球粮食危机的根本原因和解决之道。如何保障食物主权，并由此建立起"有组织地负起责任"的体系，才是解决全球性粮食危机的关键。因而，后疫情时代全球化向全球本土化的转型，呼唤中

---

① 傅梦孜：《新冠疫情冲击下全球化的未来》，《现代国际关系》2020年第5期，第7—12页。

国本土化的食物主权理论创新与实践创新。

食物主权（food sovereignty）的概念由拉美 NGO 组织"农民之路"（Via Campesina）①在 1996 年墨西哥特斯卡拉会议上提出："我们致力于创造一个以尊重我们自己和地球、食物主权和自由贸易为基础的乡村经济。"之后，这些主张提交到意大利罗马联合国粮农组织总部组织的世界粮食首脑会议（World Food Summit）。该组织在《食物主权：创造没有饥饿的未来（1996）》的报告中指出，食物主权是实现真正的粮食安全的先决条件，食物是一项基本人权。食物主权将食物体系的基本功能归结为食物权利，并同时强调保护自然资源、保障基本的营养权和国家的自主权不受国际粮商的制约，认为粮食不应该被当作武器，加剧贫困、种族歧视、小农户歧视及被迫城市化等状况，确保小农户应有的参与决策，尤其是生产决策的权利。② 这些概念的早期实践，主要来自"农民之路"组织，强调了食物权利被压迫者（主要是生产者，后来加入消费者）的权利抗争。但受制于农民组织和拉丁美洲政治抗争的视野局限，其内涵并不完整，急需在更多层次的实践舞台上得到拓展。

2002 年，罗马举行了新一届世界粮食首脑会议。③ 来自全球

---

① "Via Campesina"来自西班牙语，译为"农民之路"，是一个左翼国际农民运动联盟。目前，其组织机构已经覆盖全球超过 69 个国家和地区。
② 见 www.viacampesina.org，另载入报告"Towards Food Sovereignty: Reclaiming Autonomous Food Systems"，周立译介，见周立《粮食主权、粮食政治与人类可持续发展》，《世界环境》2008 年第 4 期，第 36—39 页。周立《极化的发展》，海南出版社 2010 年版。
③ 2002 年峰会，世界 182 个国家的元首及政府首脑或代表参加，中国政府代表团团长、时任国务院副总理温家宝在会上阐明中国政府在解决粮食问题上的原则、立场和主张。会议重申 1996 年世界粮食首脑会议确定的在 2015 年将世界 8 亿饥饿人口减半的目标，并提出构筑世界反饥饿大联盟，以确保世界粮食安全，消除饥饿与贫困。应该说，2015 年仍然有 7.95 亿饥饿人口，以及 2030 年将有 9 亿饥饿人口，宣告了这一宣言的无效，并引发我们对食物权利和"有组织地不负责任"的深层思考。

200多个NGO组织提交了报告《食物主权：所有人的权利》，给出了食物主权的新定义：食物主权是给予个人、社区团体、国家以定义自身农业、劳动力、渔业、粮食和土地政策的权利，上述方面都应该从生态学、社会学、环境学、文化方面符合当地特殊的自然人文环境。具体来说，它包括获得食物和生产食物的权利，这意味着所有人都可以拥有安全的、有营养的、符合文化传统的食物和生产性资源，还拥有维系自身生存和社会安定的能力。2008年，食物主权出现在《国际农业知识与科技促进发展评估（IAASTD）全球报告》中。这项由联合国粮农组织和世界银行启动、世界各地数百名专家参与、历时几年磋商研讨的评估报告，介绍并弘扬了"农民之路"的理念，指出关于粮食安全的讨论已经发生了范式转变。① 食物主权是"人民和主权国家以民主方式自行决定农业及粮食政策的权利"②。同年，包括中国在内的58个国家和地区的政府认可了该报告。

食物主权经过20多年的发展与演进，其理论和实践日趋成熟。目前的食物主权已经涵盖食物的数量安全、质量安全和权利安全，涵盖了生产和消费，涵盖了人民、社会组织和国家等不同层面，并且产生了广泛且深刻的国际影响。食物主权不仅认识到食物权利，更体现生产者与消费者对生态可持续的认识觉醒，与人类尝试解决气候和能源等长期可持续发展议题紧密关联。③ 正如"农民之

---

① 《国际农业知识与科技促进发展评估（全球报告）》英文版，Box2-10, 111. http://www.unep.org/dewa/agassessment/reports/IAASTD/EN/Agriculture%20at%20a%20Crossroads_Global%20Report%20（English）.pdf.

② 《国际农业知识与科技促进发展评估》中文摘要版，12, http://www.unep.org/dewa/agassessment/reports/IAASTD/CH/Agriculture%20at%20a%20Crossroads_Global%20Summary%20for%20Decision%20Makers%20（Chinese）.pdf.

③ Newell P., Taylor O., "Contested landscapes: The Global Political Economy of Climate-smart Agriculture", *Journal of Peasant Studies*, Vol. 45, No. 1, 2018, pp. 108-129.

路"的创始成员保罗·尼科尔森（Paul Nicholson）所说："这场运动的贡献是各国人民形成共识，团结力量的积累过程。"① 食物主权将粮食安全由数量安全、质量安全，更进一步引向了权利安全，使得解决根本问题的讨论可以在食物主权的框架下展开。

综上，放眼21世纪，回答"谁来养活21世纪的中国"这一新命题，需要在新冠肺炎疫情的短期影响、全球本土化的中期趋势上讨论解决之道。21世纪的中国，需要作为负责任大国的新形象出现在世人面前。在粮食安全方面，需要立足自主，建立完整的多层次食物主权体系，在全球化出现危机、"有组织地不负责任"盛行的当今世界，"有组织地负起责任"才能养活和养好中国，同时担负起中国的世界责任。

第四节　怎样养活21世纪的中国？

目前，在全球和国家之间缺乏全球治理，还无法实现"有组织地负起责任"。但在国家之内、国内各地区之间，却具有可行性。中国独特的政治体系，使得政府具备其他国家难以企及的组织动员能力和目标执行能力。这确保了中国在近些年能同时实现脱贫攻坚、粮食安全、疫情防控、就业民生、经济增长、乡村振兴等多元目标。由此，在全球本土化的基本趋势下，中国也有机会率先建立完整的食物主权体系，为全球粮食危机提供系统解决方案。

一　食物主权综合框架

在食物主权体系上，中国有能力率先构建包含微观层面的人

---

① McMichael P., "Historicizing Food Sovereignty", *Journal of Peasant Studies*, Vol. 41, No. 6, 2014, p. 933.

民主权、宏观层面的国家主权、基础层面的自然主权在内的多层次食物主权体系（见图1-4）。在2013年笔者参与组织的中国第一届食物主权会议上，已经建立了食物主权综合框架，并阐述了如下观点：主权来自主体性的承认和权利的伸张。在食物体系中，至少有三个层面的主权：微观层面的个人和人类组织的人民主权；宏观层面的国家和地区的食物主权；基础层面的自然主权。此处将进一步对这一框架细分并做延伸讨论。

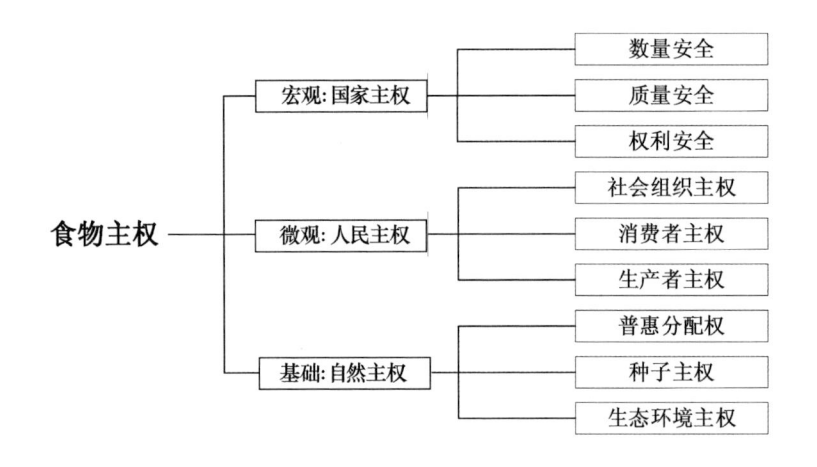

```
                        ┌─ 宏观：国家主权 ─┬─ 数量安全
                        │                  ├─ 质量安全
                        │                  └─ 权利安全
                        │
                        │                  ┌─ 社会组织主权
食物主权 ───────────────┼─ 微观：人民主权 ─┼─ 消费者主权
                        │                  └─ 生产者主权
                        │
                        │                  ┌─ 普惠分配权
                        └─ 基础：自然主权 ─┼─ 种子主权
                                           └─ 生态环境主权
```

图1-4 完整的食物主权体系

资料来源：周立：《食品安全威胁下的社会自我保护的三个场景》，载《食品安全与一家两制》序言，中国农业出版社2016年版，第1—16页；周立：《粮食主权、粮食政治与人类可持续发展》，《世界环境》2008年第4期，第36—39页。

图1-4的框架帮助我们走出狭义上的粮食数量安全观念，转向强调包括食物数量、质量和权利在内的多层次食物主权体系。在基础层面，考虑资源生态环境可持续的自然主权。在微观层面，不仅包括生产者主权、消费者主权，也包括食物共同体、中间商等各类社会组织在内的食物权利，统称人民主权。在宏观层面，则是本书重点从国家战略层面论述的包括数量、质量和权

利在内的国家食物主权。

在完整的食物主权体系中,我们可以进一步讨论各主体如何由"有组织地不负责任"到"有组织地负起责任"。笔者曾在 2008 年访问意大利有机农业发展时,与意大利农民戏剧化地讨论了食物体系生产者、消费者、中间商和政府四大主角(本书表述为四大主体)的组织极度不对称和角色不平衡带来的粮食安全和食品安全问题。① 放在本书风险社会和食物主权框架下,可以进一步讨论如何由四大主体"有组织地不负责任"到"有组织地负起责任",以保障包括自然、人民和国家在内的多层次食物主权(见图 1-5)。

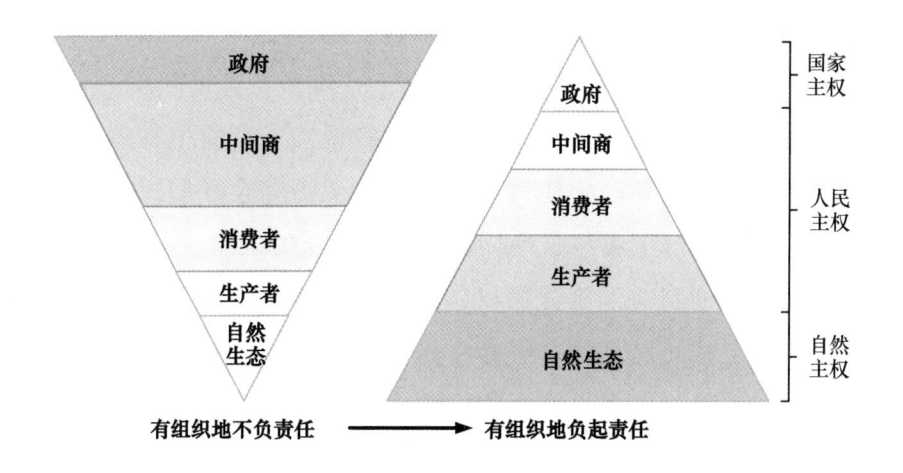

图 1-5 "有组织地负起责任":全球本土化与食物主权的中国实践

注:左右两类状态中的金字塔层级和大小,表示不同的参与主体在食物体系内的权力位置与实际影响力大小。

资料来源:周立:《当粮食遭遇发展主义时代》,载《极化的发展》第三章,海南出版社 2010 年版,第 83—131 页。

---

① 周立:《当粮食遭遇发展主义时代》,载《极化的发展》第三章,海南出版社 2010 年版,第 83—131 页。

图 1-5 展示了自然生态和四大主体由倒金字塔形态的"有组织地不负责任",如何在三层次食物主权体系走向正金字塔的"有组织地负起责任"。在微观层面,生产者、消费者以及包括食物企业在内的社会组织,应当用积极行动维护自身的基本食物权利,并担负起社会职责;在宏观层面国家应当保障食物的数量安全、质量安全和权利安全,建立保障粮食安全、食品安全和食物主权的制度体系。四大主体通过"有组织地负起责任",尊重自然规律,就可以保住绿水青山,有利于基础层面自然主权的实现。在基础层面,需要认识到农业与食物体系的基础是空气、阳光、水、种子等这些农业基本要素。它们不是任何人、任何国家的创造物,而是上天普惠制的免费赠予,需要普惠分配与其对应,也需要种子保育和普惠使用的主权,避免被转基因、杂交育种等专利剥夺和侵蚀。食物生长过程也是自然再生产主导的,任何人或者组织无法完全控制,人的努力只是极少部分地参与了维持、改造、更新的工作。问题在于,并非任何人创制的天赋食物权,却有形形色色的产权主张和利益伸张。在林林总总的争辩和主张中,拥有绝对主权的上天却是沉默的。这一方面说明了我们在进行一场漠视主体性,甚至逃避主体性的无主体对话,另一方面也说明了自然主权不依赖于人类主权的伸张而存在,因为自然主权一直就在那里。"一方水土养一方人"的含义,正是所有人都有得到食物和其背后基本资源的权利。我们必须回归这一基本常识,才能有机会实现在基础层面的自然主权,促进可持续发展。在食物主权综合框架下,中国有可能摆脱世界风险社会的"有组织地不负责任",走向多层次食物主权框架下"有组织地负起责任",形成全球本土化意义上的粮食安全共同体。

二 走出"有组织地不负责任"

在食物体系发展过程中,从全球层面到国家层面,再由国家层面到乡村层面,乃至农户层面,的确出现了"有组织地不负责任""有组织地推卸责任",甚至"有组织地制造和转嫁风险"。具体到中国的粮食安全问题上,依然存在"千里之堤,溃于蚁穴"的潜在风险,这很大程度上源于食物体系四大主体都在"有组织地不负责任"。

首先,生产者"有组织地不负责任"。以农民为主的生产者在粮食安全保障上普遍缺乏维护国家粮食安全、他人粮食安全的意识。分田到户后,回归"善分不善合"传统的农民,在外出务工等非农收入日渐超过农业收入后,逐渐失去了防灾、减灾和抗灾的意识,也逐渐失去维护农田水利设施建设的意识。"乡村振兴"战略实施过程中,虽然开始重视农户经营,将小农户当作基本面,鼓励小农户和现代农业发展有机衔接,但全国小农户数量占农业经营主体的98%以上,小农户从业人员占农业从业人员的90%以上。[①] 他们往往在自然灾害面前选择被动承受风险损失。在农田水利设施维护上,大多已失去维护能力和意识,如同脱贫攻坚过程中不少地区陷入的"等、靠、要"怪圈一样。当然,粮食种植收益太低,非农收入日渐成为主要经济来源,是小农户撂荒弃耕、不事稼穑的主要原因。基层政府很难动员近三亿的外出青壮年劳动力放下务工收益,回村开展农田水利设施建设。农村调研中,常听农户如此算账:"从粮食(生产)上得的钱,还抵不上我在外两三天打工的钱,

---

① 《全国98%以上的农业经营主体仍是小农户》,2019年3月1日,新华社(http://www.gov.cn/xinwen/2019-03/01/content_5369755.htm)。

除非给我和打工一样的钱，我才干。"① 因此，即便农户被动员参与农田水利设施等基本建设，也多半不是为了自家或集体的粮食安全，而只是把这当成一份工作，目的依然是挣钱。在乡村层面，以农户为主的粮食安全自觉行动与农田水利建设集体行动都难以达成。

其次，消费者"有组织地不负责任"。消费者的不负责任，至少体现在三个方面：第一，短视消费。以新冠肺炎疫情为例，虽然多个部门、多个媒体多次公开劝诫消费者"中国粮食供应有充分保障，民众大可不必囤货抢购"②，但诸多地区的消费者依然不问粮食出自何处，是否有长期的安全保障，而是只顾自己，只顾眼前，盲目跟风抢购，引发不必要的恐慌。第二，过度消费。这主要体现在浪费性消费上，仅每年国内餐桌消费中的浪费就可以让2亿多人吃饱。③ 2020年12月，《中华人民共和国反食品浪费法》草案提请十三届全国人大常委会初次审议。④ 这足以表明食品浪费问题的严重性，以至于不得不制定法律，让浪费不再停留在道德谴责层面。第三，不当消费。中国还是典型的发展中国家，但中国居民却早已得了"三高"等"发达病"。虽然1997年以来中国营养学会组织专家委员会发布过多个《中国居民膳食指南》和平衡膳食宝塔，但这一公益性指引长期被忽视，使得中国消费者营养摄入得不到健康指引，在摄入能量过剩的情况下盲

---

① 这些观察基于笔者于不同阶段在河北（2017年）、河南（2016年、2018年、2020年）、陕西（2017年）、广西（2015年、2019年）等地开展田野调研所获取的一手资料。

② 《粮食安全有保障　囤货抢购大可不必》，2020年4月8日，人民网（http://health.people.com.cn/n1/2020/0408/c14739-31664991.html）。

③ 国家粮食局：《每年食物浪费相当于2亿人一年口粮》，2014年10月14日，详见http://news.sohu.com/20141014/n405104536.shtml。

④ 《反食品浪费法要来了》，2021年1月4日，人民网（http://hb.people.com.cn/n2/2021/0104/c194063-34509470.html）。

目卷入"营养升级"浪潮，过量消费了肉类和油脂，不仅浪费了食物，还加重了健康和医疗负担。若不警醒，将重蹈美国、加拿大、澳大利亚等国的"发达病"覆辙，最终带来医疗费用居高不下，落入"吃饭的钱，拿去吃药"的医疗陷阱。半个世纪前，美国人支出的16%用于食品，9%用于医疗，今天这个比例基本上颠倒了过来，9%用于食品，17%用于医疗并继续上扬。从这个意义上讲，过去50年来美国农业和食品体系发展的实际效果是：美国人把吃饭的钱省下来看病吃药，更加不健康，人均寿命更短。① 可见，极端的短视消费、过度消费与不当消费，是消费者"有组织地不负责任"的体现。

再次，中间商"有组织地不负责任"。作为供应链的主要环节，中间商在食物流通中以赚取高额差价为目标，却未能有效承担与之相符的社会责任。各类中间商在参与经营时逐渐形成了"对上欺，对下骗"的经营策略②，与产业链上下游"合谋"，努力实现"成本外部化，收益内部化"，但显然冲击了食物市场的正常秩序，甚至对公共安全构成重大威胁。中间商扩大利润空间的同时，供应市场的食物品种却可能越发单一，削弱了生产者和消费者的食物选择权。其背后的逻辑是，食物市场的价格走势不断影响中间商的供应结构，中间商有选择地将低利润的商品剔除，让消费者只能被动接受市面上常见的廉价食物，"薄利多销"的食物市场传统特点已被改变。中间商不仅在流通环节层层加价，还利用金融工具谋取巨额利润。"蒜你狠""豆你玩""糖高宗"等食物金融化怪象的背后，是食物供应链"逐利第一"成为

---

① 文佳筠：《环境和资源危机时代农业向何处去？——古巴、朝鲜和美国农业的启示》，《开放时代》2010年第4期，第34—44页。
② 周立：《当粮食遭遇发展主义时代》，载《极化的发展》第三章，海南出版社2010年版，第111—117页。

市场法则的结果。其重要性远胜于优化粮食库存、保障食物供应等公共功能。

最后，各级政府也在"有组织地不负责任"。中国特色的"无限责任政府"，本来有利于保障作为民生必需品的粮食安全，但在追求同时达成多元目标时，各级地方政府常常追求完成显性化、短期性的工作，不利于地方经济、社会的长远发展。[①] 各地粮食安全明显属于隐性政绩和长期工作，故此常常让位给招商引资、项目开发等显性政绩和短期工作。虽然有"米袋子工程""菜篮子工程"的省长、书记、市长负责制等来保障粮食生产和食物供应安全，但政府公司主义特征十分明显的"无限责任"政府，更注重土地财政和金融投资，胜于农田保护和粮食安全。工业化与城镇化目标常常压倒长期粮食安全目标。最明显的例证是珠三角、长三角及各个大城市周边，这些历经千年耕作的沃土良田，在短短二三十年被"种上"房子和工厂。1997年以来为保护耕地而推出的耕地占补平衡政策，实际上却为"只占不补""多占少补""占优补劣""先占后补"开了口子，显现出占补平衡政策的局限性。[②] 这不利于耕地保护和粮食安全。2021年1月，财政部发布的2020年财政收支情况显示，2020年全国国有土地使用权出让收入为8.4万亿元，同比增长15.9%，这是33年卖地收入最高值，占全国财政收入的46%，相当于地方财政收入的84%。[③] 近十年，中国的土地出让金收入高达49万亿元。

---

① 赵晖：《我国地方政府绩效考核指标要素分析》，《南京师大学报》（社会科学版）2010年第6期，第17—23页。
② 孙蕊、孙萍、吴金希、张景奇：《中国耕地占补平衡政策的成效与局限》，《中国人口·资源与环境》2014年第3期，第41—46页。
③ 财政部：《2020年财政收支情况网上新闻发布会文字实录》，2021年1月28日，http://www.mof.gov.cn/zhengwuxinxi/caizhengxinwen/202101/t20210128_3650521.htm。

土地财政的基本事实，让我们清楚认识到地方政府在粮食安全和耕地保护上"有组织地不负责任"，为长期粮食安全能否得到有效保障打上一个问号。

由食物体系四大主体"有组织地不负责任"，需要认识到中国粮食安全的"千里之堤"有了不少"溃于蚁穴"的潜在风险，更何况国际大粮商已经控制了中国大豆、种子、油脂、生猪等多个食物生产和加工领域。庆幸的是，中国的2亿多小农户以高度分散、产品非标和供应不稳的特征，反而促成了一个食物供给的超稳态结构。他们很少有市场敏感性，更加不追随国际市场变化，也很难被政府所调控。对政府和市场都不敏感的特征，使得其食物生产的社会、经济与政治结构是超稳定的。这一超稳态结构在近40年来虽然不断被剥蚀，但依然发挥着基础性作用。在粮食调控能力上，中国近10年来强化了中粮、中储粮、中纺、华粮、中化等一批"国家队"，但还需要各级政府和储运机构等"地方军"，以及如毛细血管般的农业基本生产和收储加工单位，作为"民兵连"，形成有"大树""小草"和"微生物"的粮食生产者生态系统。这使得藏粮于地、藏粮于技之外，还有藏粮于民、藏粮于农来配合，受疫情封路封村影响，还需要藏粮于村。多样化的粮食生产和储运加工体系，才能保障长期粮食安全和人民食物主权。

三 走向"有组织地负起责任"

在经济全球化走向全球本土化的背景下，中国要积极推动新一轮全球化格局的形成：一方面，需要全球化思维；另一方面，应重视本土化实践。在粮食安全问题上，全球本土化的具体实践，要落实到以我为主、立足自主，同时能够兼顾国内外两个市场，用好两种资源。

第一，生产者"有组织地负起责任"，建立在地化保障体系。在地化保障体系虽然不是追求"小而全、大而全"的布局，但却是全球本土化的基础，微观层面的藏粮于农、藏粮于民和藏粮于村，才能支持宏观层面的藏粮于地和藏粮于技。首先，应在乡村层面提升基本的农产品生产和储存加工能力。几千年来，中国的农村都有义田、义仓等，能保障基本的食物供应。其次，应在县、乡、村层级形成在地化的生产和消费相结合的体系，有组织地构建三级保障体系。这样不仅能减少食物里程，减少储运过程中的浪费，更能有效提升自给能力，应对疫情防控、地区封锁，还能留有余力作为腹地，支援大城市和大城市群，并让中国特色的网格化管理产生活力，发挥"大疫止于乡野"的功效。最后，在"乡村振兴"背景下，通过重构新型集体经济，实现村庄的再组织化，也能推动"有组织地负起责任"，建立起粮食安全的基层组织保障体系，应对潜在的断供风险。

第二，消费者"有组织地负起责任"，促进食物体系优化。20世纪70年代以来，全球各地兴起了替代性食物体系（alternative food networks）运动，通过借助非正式制度与关系，让消费者在多层次尝试、学习的调整过程中[1]，理解食物的多元价值[2]，提升消费者与生产者（主要是农户）之间的相互信任水平[3]。具体

---

[1] Le Velly R., Dufeu I., "Alternative Food Networks as 'Market Agencements': Exploring Their Multiple Hybridities", *Journal of Rural Studies*, Vol. 43, No. 2, 2016, pp. 173 – 182.

[2] Hinrichs C. C., "The Practice and Politics of Food System Localization", *Journal of Rural Studies*, Vol. 19, No. 1, 2003, pp. 33 – 45.

[3] Raynolds L. T., "Fair Trade: Social Regulation in Global Food Markets", *Journal of Rural Studies*, Vol. 28, No. 3, 2012, pp. 276 – 287.

而言,推动替代性食物体系的建设,可以促进消费者"有组织地负起责任"。① 替代性食物体系主要包括社区支持农业(community support agriculture)、农夫市集(farmer's market)、巢状市场(nested markets)、农民种子网络(farmer seed network)、公平贸易(fair trade)等。② 它们以有边界的市场为核心特点③,倡导"食在当地、食在当季"④;减少食物里程、减少浪费,并促成公平分配⑤;还通过促进食物生产者赋权和认证商品销售,以恢复农户的食物定价权⑥。这些多元的行动模式,有一句醒目的口号:"你吃什么,你就是什么。"("You are what you eat.")这意味着,负责任地消费食物是人们可持续生活方式的重要内容。消费者为改变"有组织地不负责任"的食物体系所迈出的每一步,都是在迈向可持续生活。

第三,中间商"有组织地负起责任",由行使企业社会责任到走向社会企业。首先,推动食品经营者的食品安全法律责任与经济收益相匹配。中间商在特定的经营范围内可以进一步缩短供应链条,以明确各自的流通主体责任。其次,借鉴替代性食物体

---

① Rosol M., "On the Significance of Alternative Economic Practices: Reconceptualizing Alterity in Alternative Food Networks", *Economic Geography*, Vol. 96, No. 1, 2020, pp. 52 – 76.

② Chiffoleau Y., Millet-Amrani S., Rossi A., et al., "The Participatory Construction of New Economic Models in Short Food Supply Chains", *Journal of Rural Studies*, Vol. 68, No. 5, 2019, pp. 182 – 190.

③ Hinrichs C. C., "The Practice and Politics of Food System Localization", *Journal of Rural Studies*, Vol. 19, No. 1, 2003, pp. 33 – 45.

④ Lin H., Fang P., Zhou L., et al., "A Relational View of Self-protection Amongst China's Food Safety Crises", *Canadian Journal of Development Studies*, Vol. 40, No. 1, 2019, pp. 131 – 142.

⑤ Thors M., Kjeldsen C., "The Constitution of Trust: Function, Configuration and Generation of Trust in Alternative Food Networks", *Sociologia Ruralis*, 2015.

⑥ Bacon C. M., "Who Decides What Is Fair in Fair Trade? The Agri-environmental Governance of Standards, Access, and Price", *Journal of Peasant Studies*, Vol. 37, No. 1, 2010, pp. 111 – 147.

系的经验，通过"本地化"与"信任"的连接，提升食物供给的多样性。中间商应发挥自身在流通领域的信息与销售网络优势，参与食物体系可持续转型进程。最后，提升企业社会责任，促进社会企业的兴起，建立合理公平的市场价格体系和流通体系。中间商还应明确金融工具的用途，即帮助企业在参与产业链、供应链与价值链的过程中，提升对粮食安全的保障能力。

第四，政府也要"有组织地负起责任"，不是简单地将"米袋子""菜篮子"交给各个省长或书记了事。中国特色的党政一体和党政主导格局，可以用来推动政府、市场与社会的跨界合作与治理。国家层面的立法和公共讨论，能够帮助以农户为主的生产者和城市的消费者争取更多的权利，确保基本农田等生产资源的质量，保障生产者的积极性和消费者的合法权益。同时，国家的针对性立法以及有效的媒体宣传，对国民的粮食安全基本立场和国家的粮食安全发展方向也极其重要。[1] 国家机构还可以通过宏观调控，有效避免粮食过度市场化，为国内制定粮食安全规范和政策提供操作空间，以动员生产者和消费者朝着促进社会公正的目标行动。[2] 因此，提升政府治理能力，在粮食安全上不仅意味着确保粮食总量稳定，还包含结构优化、权利保障等多个方面。它不仅是政府主导，还需要政府与市场、社会有效合作、共同运作。[3] 最终的目标，是形成共建共治共享的粮食安全治理与保障体系。

---

[1] Salverda T., "Facing Criticism: An Analysis of (Land-based) Corporate Responses to the Large-scale Land Acquisition Countermovement", *The Journal of Peasant Studies*, Vol. 46, No. 5, 2019, pp. 1003 – 1020.

[2] Werner M., "Placing the State in the Contemporary Food Regime: Uneven Regulatory Development in the Dominican Republic", *Journal of Peasant Studies*, Vol. 46, No. 7, 2019, pp. 1 – 22.

[3] Scott S., Si Z., Schumilas T., et al. "Contradictions in State-and Civil Society-driven Developments in China's Ecological Agriculture Sector", *Food Policy*, Vol. 45, No. 8, 2014, pp. 158 – 166.

第五节　结语：中国碗里的中国粮与两个大循环

解决好十几亿中国人的吃饭问题，始终是治国安邦的头等大事。粮食安全关乎中国新型超级大国地位的形成[①]，和"大国小农"社会稳定结构的长期维持。在全球化危机背景下，本书重拾布朗命题，面对疫情危机和全球脱钩等新挑战，提出"谁来养活21世纪的中国"这一新命题，前瞻性地将"大战略、小农户、多样性"立场有机整合在一起。2020年以来，新冠肺炎疫情持续在全球范围内肆虐，已为多个国家和地区带来粮食危机。虽然中国短期内不存在粮食危机，但三大结构性紧张仍然让我们有理由高度警惕粮食危机的可能冲击与威胁。

面对全球性问题，需要全球视野和中国视角相互观照，才能有清醒的认识。从全球视野看中国，在人口增长、营养升级和老龄化三大因素影响下，中国食物供求将长期处于紧平衡状态，这使得"端好中国碗、装满中国粮"的政策也应一直持续到至少21世纪中叶。从中国视角看世界，全球化危机与全球本土化时代的到来，要求我们必须重视对食物主权问题的国际讨论。全球本土化时代的粮食安全，至少应包括数量安全、质量安全和权利安全三个方面，这一粮食安全观，需要置于食物主权综合框架才能理解。作为一项非传统安全，多层次食物主权体系能够瞄准人类最基本的生存需求，并让中国担负起养活中国和养好中国的国家责任与世界责任。

[①] 李成：《"中国前景乐观论"和"中国崛起例外论"——对胡鞍钢〈2020年的中国：一个新型超级大国〉的评论》，《学术界》2011年第4期，第5—19页。

本书认为，布朗命题不应被简单理解和否定，而应不断被更新和应答。放眼21世纪，布朗命题提醒我们，不能依赖外国粮养活中国人。相反，中国在世界风险社会中，通过构建完整的多层次食物主权体系，使食物体系各大主体变"有组织地不负责任"为"有组织地负起责任"，变"有组织地制造风险"为"有组织地管理风险"，甚至"有组织地消除风险"，如此就能回答好"谁来养活21世纪的中国"这一新命题。

在经济全球化走向全球本土化的今天，中国从持久战的角度提出加快形成以国内大循环为主体、国内国际双循环相互促进的新发展格局，这是基于国内外形势判断而做出的重大战略部署。国内国际双循环不是有内无外，也不是有外无内，二者相互影响、相互交融、相互促进、相得益彰。把握住国内大循环这个"主体"，以我为主，才能更好利用国内国际两个市场、两种资源。国内国际两个大循环的新发展格局，也必须体现在多层次的食物主权体系建设过程中。以我为主、立足自主，用好两个市场、两种资源，才能在两个大循环新格局中端好中国碗、装满中国粮，养活21世纪的中国。这是中国政府对中国人民的国家责任，也是中国作为负责任的大国对走出全球粮食危机担负的国际责任。

第二章　全球化的"和思维"与"战思维"：超越贸易摩擦

从对比观念理论视角，可以帮助我们梳理中美贸易摩擦议题下的各种战略主张，并将其归纳为"战思维"和超越"战思维"的"和思维"。本书在全球疫情暴发的基本背景下，讨论超越贸易摩擦，进行国家战略和战术层面的分析。在战略层面，本书提出以"和思维"超越"战思维"。具体而言，既要提升"不想打、不怕打"的战略能力，通过精准应"战"捍卫国家尊严和国家利益，以"打"促和；也要保持"你打你的、我打我的"的战略定力，提供中国智慧和中国方案。在战术层面，本书提出"和思维"观念下的历史机遇——全球三层市场融合，通过开创和牢牢把握全球三层市场开放融合的第三次全球开放浪潮，推动构建人类命运共同体。

近年来，在美方不断挑起贸易摩擦的背景下，美国部分政客"喊打喊杀"的言论甚嚣尘上，国内也不乏剑拔弩张的声音。2020年新冠肺炎疫情全球暴发以来，一方面贸易摩擦议题被暂时搁置，另一方面使得中美战略角力正处在生死攸关的拐点。有许多研究提出中美争夺霸权不可避免，最有影响的是暗示中美必有一战的"修昔底德陷阱"（见专栏 2-1）。① "不畏浮云遮望眼，只缘身在最高层"，要找准和坚持正确战略，就需要看清众说纷纭背后的本质，提出超越性的解决方案。关于中美贸易摩擦，众说纷纭，莫衷一是，最广泛的共识或许就是它不仅仅是贸易摩擦。对此，一种常见的争论是，美国的战略意图到底是要钱，还是要命？② 到底是为了国内政治，如选票的需要，还是国际大战略？或者兼而有之？③ 本书无意揣测美国意图，只聚焦于中国选择：如果贸易摩擦只是表象，那超越贸易摩擦的深层次战略选择会是什么？

专栏 2-1 "修昔底德陷阱"（Thucydides's trap）

公元前 5 世纪，古雅典的迅速崛起震动了伯罗奔尼撒半岛的老牌陆地强权斯巴达。恐惧迫使斯巴达人做出反应。威胁和反威胁催生了竞争、对抗，最终酿成冲突。长达 30 年的战争最终毁了这两个城邦。古希腊历史学家修昔底德对这场冲突的"洞察"被视为国际关系的"铁律"：当一个崛起的大国与既有的统治霸主竞争时，双方面临的危险多数以战争告终。

战争还是和平？修昔底德的洞察启发了格雷厄姆·艾利森（Graham Allison）。2017 年，美国哈佛大学教授格雷厄姆·艾利森使用"修昔底德陷阱"指代守成大国和新兴

---

① 艾利森教授提出"修昔底德陷阱"所做的 16 个案例分析，都是零和思维，强调军事征服的西方文明背景，并没有讨论中国等其他不同文明。见于 Graham Allison（2017）。
② 余云辉：《美国发动贸易战的真实目的与应对策略》，2018 年 3 月 28 日，察网。
③ 任泽平、熊柴、华炎雪、罗志恒：《中美贸易战原因、影响、展望及应对》，2018 年 3 月 24 日，泽平宏观。

第二章
全球化的"和思维"与"战思维":超越贸易摩擦

大国之间的关系,即守成大国和新兴大国身陷结构性矛盾,冲突极易发生,反映出对抗性的零和博弈思维。以下是艾利森归纳出的16个"修昔底德陷阱"案例(见表1)。

表1　艾利森归纳出的16个"修昔底德陷阱"案例

序号	时间	博弈双方	结果
1	15世纪末	葡萄牙 vs 西班牙(和)	未战,《托尔德西利亚条约》
2	16世纪上半叶	法国(败)vs 奥地利(胜)	战争:奥地利成为世界中心
3	16世纪末	奥地利(败)vs 奥斯曼帝国(胜)	战争:哈布斯堡王朝衰落
4	17世纪上半叶	奥地利(败)vs 瑞典(胜)	战争:瑞典崛起
5	17世纪中晚期	四次英荷战争	英国获得世界霸权
6	18世纪中叶	法英七年战争	日不落帝国形成
7	18世纪晚期	英国(败)vs 法国(胜)	法国崛起,美国独立
8	19世纪中期	英法 vs 俄罗斯:克里米亚战争	《巴黎和约》
9	19世纪中期	法国 vs 德国:普法战争	战争:德意志帝国形成
10	19世纪晚期	中俄 vs 日本:日俄战争	战争:日本崛起
11	20世纪初	英国 vs 美国	未战:美国崛起
12	20世纪初	英国 vs 德国	战争:德国崛起
13	20世纪中期	第二次世界大战	战争:德国陨落
14	20世纪中期	美国 vs 日本	战争:日本战败
15	1940—1980年	美国 vs 苏联	未战:"冷战",苏联解体
16	1990年至今	英法 vs 德国	未战

第一节　分析视角:对比观念框定战略选择

为了透过贸易摩擦表象看到本质,我们需要先梳理贸易摩擦议题的相关观念。在军事、经济等"硬"因素依然有效的背景下，观念的意义越来越被人们所认识到。新制度经济学家诺斯在学术生涯后半段，越来越集中于研究观念对政治经济的影响。他发现，在不确定条件下，观念的作用是对事物进行分门别类，像地图一般引导着集体认知和决策。① 另外，政策科学于20世纪90年代也出现了"观念转向"，越来越多的研究发现，即使是同样一个议题，公众焦点和政府决策也会因观念阐释变化而发生改变。②

为了使观念与现实选择联系起来，而不是泛泛地复述已有观念，我们必须先厘清对比观念，因为对比观念常常会框定现实选择。

人类认知是一套观念分类体系，类似生物学分类体系（界门纲目科属种）。观念存在于分类系统之中，观念之间的关系既包括上下位观念，即纵向维度；也包括对比观念，即横向维度。③ 因为观念像地图一般有导向功能，所以对比观念转变会导致战略焦点改变。例如，一个青少年辍学的议题，原本可能被认为是个人或家庭自身的问题，政策含义是要加强父母责任；但如果出现一个新的对比观念，将它设置为国家人口红利，以及未来劳动力的国际竞争问题，那么战略焦点就从加强父母责任改变为加强教育培训政策④。具体到贸易摩擦，该议题涉及许多问题和矛盾的多个方面，而对比观念就框定了对问题或矛盾主要方面的把握。

---

① North, D., *Understanding the Process of Economic Change*, Princeton: Princeton University Press, 2005, pp. 25, 33.

② Blyth, M. M., "Any More Bright Ideas?, The Ideational Turn of Comparative Political Economy", *Comparative Politics*, Vol. 29, No. 2, 1997, pp. 229 – 250.

③ 董玄、陈思丞、孟庆国：《对比观念、共同认知与政策制定——以土地托管政策过程为例》，《公共行政评论》2019年第3期，第48—66、190页。

④ Baumgartner, Frank R., Jones, Bryan D., *Agendas and Instability in American Politics* (2nd ed.), Chicago: The University of Chicago Press, 2009.

一旦聚焦于矛盾的某个方面,就框定了战略。特别是在外部环境不确定性升高的情况下,看清对比观念,有利于在众说纷纭中看清矛盾主要方面,从而找准战略。

本书将用对比观念这一简洁的分析视角,透过贸易摩擦表象,看清其背后深层次的战略选择,并以"和思维"超越"战思维",在新的对比观念下保持战略定力,提升战略能力。

第二节 中美贸易摩擦议题下的"战思维"与"和思维"

从对比观念视角进行分析,主要是回答"如果重点不是贸易摩擦,那会是什么"。不同的对比观念,隐含着对议题重点或主要方面的不同判断。我们梳理了贸易摩擦之上的多种对比观念,将它们归纳为"战思维"和"和思维"两类上位观念(图2-1)。

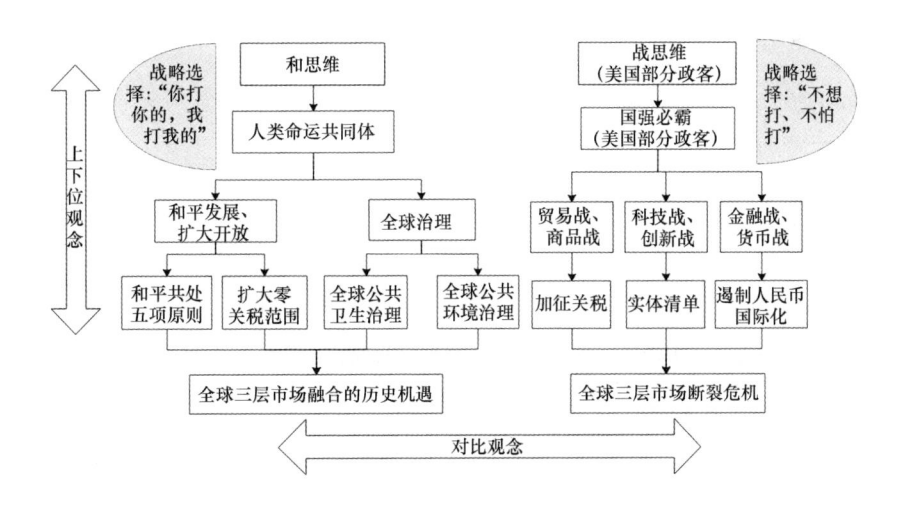

图2-1 中美贸易摩擦议题下的对比观念梳理

一 "战思维"与中国战略

（一）"战思维"及其问题

最典型的"战思维"，就是以"修昔底德陷阱"来看待贸易摩擦。美国主要是以其全球军事力量换取全球化利益，习惯性以零和思维假定每个全球第二（崛起大国）都想取代它的霸权（守成大国）。虽然中国一再重申永不称霸的承诺，但一些美国政客和学者依然以固化的"战思维"假定"国强必霸"，错误假定中美必有一战，错误假定"中国将比20世纪美国面临的任何一个潜在霸权国都更强大、更危险"①。另外，20世纪上半叶，罗斯福政府的战时顾问、地缘政治学家斯皮克曼就指出，要高度关注中国会不会取代美国来控制欧亚边缘，以保证建立统一世界秩序这一美国最高利益。②

具体而言，"战思维"主要体现为各类"战"，如贸易战、货币战、创新战。这些"战"作为贸易摩擦的对比观念，富有煽动性，影响甚大。

第一，贸易战。强调贸易战的言论，常常以日本为例。在哈佛大学傅高义教授1979年出版的《日本第一：对美国的启示》这一观念指引下，美国对日本启动了贸易战。1980—1989年间，美国向日本发起了24例301条款案件调查，用关税"大棒"进行贸易战，打压日本出口。90年代起，日本经济长期停滞，被称为"失去的二十年"。

第二，货币战。美国依靠美元的全球货币地位享受巨量"铸币

---

① 约翰·米尔斯海默：《大国政治的悲剧》，王义桅、唐小松译，上海世纪出版集团2008年版，第420—423页。
② 尼古拉斯·斯皮克曼：《和平地理学》，刘愈之译，上海商务印书馆1965年版。

税"。历史上，美国为了独占这一巨大利益，多次打压其他货币国际化。例如日本签订广场协议和卢浮宫协议后，日元和日本经济长期低迷。2008年国际金融危机以来，美国政府财政债务潜在风险不断积累①，其更有动力通过贸易和金融战的方式来转嫁危机。

专栏 2-2 《日本第一》与广场协议

1979年，鉴于美国的优势正在削弱，经济正在失去竞争力，逐步丧失的自信导致了内部的分化，各种组织机构都面临着后工业社会的种种问题。此时，傅高义（Ezra F. Vogel）在日本社会经济腾飞的前一刻发表了惊世之作《日本第一：对美国的启示》。这本书呼吁：请看一看日本，这是一个成功的故事，日本名列第一。

《日本第一：对美国的启示》详细叙述了日本获得成功的原因："日本人之所以成功，并非来自所谓传统的国民性、古已有之的美德，而是来自日本独特的组织能力、措施和精心计划。"1986年《广场协议》之后，日本在短短一段时间里便经历了从股市、房市经济的"腾飞"到经济泡沫破灭的全过程，惊心动魄，随即迎来了漫长的衰退期，这让傅高义面临了不少质疑。傅高义哪儿出错了吗？

"傅高义没有忽悠日本！"郑永年如是说。总体上看，傅高义对日本的评价是客观的。日本是亚洲第一个实现现代化的国家，人们尤其是在亚洲对日本总有过高的期望。

---

① 《美国国防部发布〈5G生态系统：对美国国防部的风险与机遇〉报告》，2019年5月31日，观察者网。

> 从"日本第一"到"日本真的是第一吗"的转变,源自《广场协定》的出台。
>
> 1985年9月22日,美国、日本、联邦德国、法国以及英国的财政部长和中央银行行长(简称G5)在纽约广场饭店举行会议,达成五国政府联合干预外汇市场,诱导美元对主要货币的汇率有秩序地贬值,以解决美国巨额贸易赤字问题的协议。因协议在广场饭店签署,故又被称为"广场协议"。广场协议的签订得到日本大藏省(2000年前日本主管金融财政的部门)的强力推动。当时日本经济发展过热,日元升值可以帮助日本拓展海外市场,成立合资企业。广场协议签订后,上述五国开始联合干预外汇市场,在国际外汇市场大量抛售美元,继而形成市场投资者的抛售狂潮,导致美元持续大幅度贬值。在不到三年的时间里,美元对日元贬值了50%,也就是说,日元对美元升值了一倍。此时,日本取代美国成为世界上最大的债权国,日本制造的产品充斥全球。日本资本疯狂扩张的脚步,令美国人惊呼"日本将和平占领美国!"
>
> 但是,日元大幅升值,国内泡沫急剧扩大,最终由于房地产泡沫的破灭,日本经济陷入了长达十年的经济停滞,即"失落的十年"(The Lost Decade)。

第三,创新战。创新战或科技战主要聚焦在5G和先进制造业。美国国防部发布的《5G生态系统:对美国国防部的风险和机遇》报告显示,美国政府充分认识到2G、3G、4G每次技术浪潮都会使技术引领国家获得商业、安全等方面的巨大价值和先机，但美国需要若干年时间才能重新配置5G频段资源，建立供应链和生态圈，所以它建议打压中国5G企业来争取时间。另外，美国针对中国的"301关税"的行业与《中国制造2025》规划发展的十大重点行业重合，如白宫贸易顾问纳瓦罗曾在公开场合表示就是要遏制中国制造业升级。

"战思维"指导下的各类国家战略，在战略实施中常常两败俱伤，杀敌一千自损八百，双方利益都有损害。过去，美国部分政客在中美经贸高级别磋商中多次违背承诺、出尔反尔，无视世贸组织规则加征关税，甚至还罔顾事实指责中方；中方一直秉持合作思维，遵守国际规则，在谈判中坚持坦诚对话、重信守诺。如果美国一些政客非要逆规律而动，必然使美国普通民众受损。① 美国国家经济研究局论文指出，仅2018年美国对其贸易伙伴加征关税以及受到的报复性关税，就使美国消费者和生产者每年须多负担688亿美元成本，丧失数十万个工作岗位。②

（二）中国应对"战思维"的战略选择

面对美国的"战思维"，国内也兴起了战狼式应战观念。在打与不打，以及如何打方面，产生了如下三种战略组合。

第一，对于各类"战"，中国的战略首先是"不怕打"，即敢于斗争、善于斗争。看清对比观念，是为了提升战略能力以精准应"战"。对于贸易战、商品战，灵活使用贸易反制和贸易开放手段，坚决捍卫经济全球化和多边贸易体制。对于创新战或科

---

① 《美国不会成为贸易战赢家——佐利克》，泽平宏观，2019年9月8日。
② Amiti M., Redding S. J., Weinstein D. E., *The Impact of the 2018 Trade War on U. S. Prices and Welfare*, NBER Working Paper, 2019.

技战,坚持独立自主与引进技术并重,坚决夺取核心科技自主权。对于货币战或各类金融战,加强国内经济实力和金融安全,坚决捍卫国家利益和人民利益。

第二,除了"不怕打",中国也"不想打"。即使"打",也是以"打"来促进团结与合作,而不会单纯为了打而打。任何对中国发出不友好言论的国家都并非铁板一块,有不友好的群体,也有友好的群体。很多情况下,通过精准斗争可以使得国外友好群体占据更大主导,从而有利于国际团结与合作。

第三,将"不想打"与"不怕打"结合起来,是为了在斗争中避免陷入零和思维。零和思维即蛋糕总量不变,只能通过不顾规则的争夺来分多一份。这种零和思维首先在逻辑上就站不住脚——今天的蛋糕之所以存在,是因为昨天的互相合作共赢做大了蛋糕。因此,不管国外如何叫嚣,中国都应该头脑清醒,保持战略定力,聚焦符合中国与全球发展大潮流。

二 以"和思维"超越"战思维"

上文梳理的货币战或金融战、创新战或科技战等对比观念,都是以"战思维"来凝练贸易摩擦的重点、框定战略选择,给人一种中美在同一个擂台比武的画面,似乎所有注意力和资源都必须投入擂台上来一决胜负。然而,如果将"战思维"视为一种对比观念,就能按图索骥,找到与其对比的观念,即更具超越性的思维——"和思维"。

"和思维"是一种凝聚中国数千年文明智慧,又契合中国生态文明建设时代的思维方式。"合则两利,斗则两伤"是中华文明的常见表达。

第一，和思维是中华传统文化智慧。浓缩了中国兵法智慧的北宋《棋经十三篇》有云："善胜者不争，善阵者不战。"中国几千年的以和为贵、协和万邦的"和思维"，完全可以超越"擂台比武"的"战思维"，过去是，现在是，将来也是，能引领世界走和平发展道路。如果把各国在世界格局中的地位比作赛跑，中国的体制优势使得我们参加的是长跑赛，而美国的两党竞选及短任期制度，使得他们参加的是短跑赛。中国的战略思维，不应只着眼于一城一池、一时一地。

第二，"和思维"是重要战略思维，在中国共产党领导人民革命、建设到改革的各个时期发挥了重要作用。"和思维"不是逃避斗争，而是为了赢得更大格局的胜利。毛泽东在人民军队初创时期就提出"你打你的，我打我的"的非对称作战思想，就是要在认清自己相对优势的情况下，完全掌握主动的做法，让好战的一方背负包袱，而我们则轻装前行。特别是中国特色社会主义新时代，中国着力构建开放与共享的人类命运共同体。因此，"和思维"是毛泽东"你打你的，我打我的"在新时代的新启示。

第三，"和思维"是中国现代化发展路径。中美两国发展路径不同，中国是以经济利益换取全球化的好处；而美国主要以军事霸权换取全球化的好处，并形成路径依赖。欧洲政策研究中心主任丹尼尔·格罗斯也指出，中国实施的最好战略就是"不理"贸易战，专注国内改革发展和扩大对外开放，这样整个世界会成为中国的盟友，而美国若不改变就将被孤立。[①]

---

① 丹尼尔·格罗斯：《中国最好策略就是"不理"贸易战》，中国发展高层论坛，2019年9月3日。

专栏2-3 "和思维"的中华文明之根

"中国人民最懂和平真谛"!国家主席习近平在2014年纪念孔子诞辰2565周年国际学术研讨会暨国际儒学联合会上如是说。爱好和平源自"和思维"的中华文明之根(见表1)。

表1　　　　　"和思维"的中华文明之根

典故	出处
礼之用,和为贵	《论语·学而》
百姓昭明,协和万邦	《尚书》
将相和:"廉蔺交好"	《史记·廉颇蔺相如列传》
善胜者不争,善阵者不战	《棋经十三篇》
亲仁善邻,国之宝也	《左传·隐公六年》
亲望亲好,邻望邻好	《风雷》
"国虽大,好战必亡"	《司马法·仁本》

从1840年鸦片战争爆发到1949年中华人民共和国成立,中华民族遭受了世所罕见的外族入侵和内部动荡,中国人民一度到了濒临亡国灭种的危险境地。中国人民最懂得和平的宝贵,深知和平就像阳光和空气一样重要!

"和思维"包含一系列富有中国特色、中国气度的对比观念。其一,在经济方面,"和思维"主要是和平发展、扩大开放。党的十九大报告在论述"坚持推动构建人类命运共同体"中,强调要"始终不渝走和平发展道路、奉行互利共赢的开放战略"①。

---

① 习近平:《决胜全面建成小康社会,夺取新时代中国特色社会主义伟大胜利——在中国共产党第十九次全国代表大会上的报告》,人民出版社2017年版(单行本),第25页。

习近平总书记在十八届中央政治局第三次集体学习时的讲话提出，我们必须始终不渝坚持、不能动摇和平共处五项原则、独立自主的和平外交政策以及永不称霸的庄严承诺。① 在扩大开放过程中，中国以外商投资法立法的形式兑现经贸磋商承诺，并积极与"一带一路"国家互相签订零关税协议。另外，有研究提出，人类利益共同体、经济利益共同体是构建人类命运共同体的重点所在。② 还有研究鲜明地提倡零关税、零壁垒、零补贴的"三零"全球化方案。③ 其二，在治理方面，"和思维"主要是全球治理，特别是全球公共卫生和环境治理。例如新冠肺炎疫情肆虐的2020年，再次凸显出全球公共卫生治理的重要性和紧迫性，中国在其中正扮演着越来越重要的角色。

不畏浮云遮望眼，只缘身在最高层。如果能以"和思维"超越"战思维"，去重新审视贸易摩擦问题，那么视野格局就会大不一样，战略选择也大不一样。有了这样的对比观念，就会聚焦全球开放发展大势，做出顺应人类进步大潮的战略选择。

第三节 以"和思维"把握历史机遇：全球三层市场开放融合

在"和思维"战略思想的指导下，我们可以在去全球化的大潮下，看到再次整合全球化的历史机遇，在战术层面超越"战思维"，开拓一个新的全球三层市场。

---

① 习近平：《在十八届中央政治局第三次集体学习时的讲话》，《人民日报》2013年1月30日。
② 王辉耀：《利益共同体是人类命运共同体的核心》，《北京青年报》2018年11月25日。
③ 黄奇帆：《新时代国际贸易新格局、新趋势、新规则》，2019年4月27日，光明网。

一　全球三层市场融合：机遇与挑战

第一，将全球划分为三层市场，理论依据是毛泽东的"三个世界划分"思想。马克思认为，世界历史是在巨大生产力发展的推动下，各个民族和国家通过交往而联结成一个整体的结果。以"和思维"超越"战思维"，可以更清楚地看到中国和世界发展的一个历史性机遇，即全球三层市场融合。全球三层市场，是根据毛泽东关于"三个世界划分"的战略思想①，并具体应用于市场经济领域而提出的概念。在经济全球化和贸易摩擦双重背景下，毛泽东的这一思想越发显示出现实意义。本书认同李慎明关于"三个世界"的具体划分：美国一家是第一世界；欧盟，包括英国，以及日本、加拿大、澳大利亚等都是第二世界；其他亚、非、拉国家是第三世界，包括俄罗斯和中国。②

专栏 2-4　"三个世界"理论

20世纪70年代初，世界上各种力量经过"大动荡、大分化、大改组"，整个冷战格局呈现出苏攻美守的战略态势。毛泽东以此为契机，将长期革命斗争中形成的统一战线理论充分运用到国际舞台，开始了中国的又一次战略调整，形成了"三个世界划分"理论，成为毛泽东思想的重要组成部分。1974年2月22日，毛泽东会见赞比亚总统卡

---

① 《毛泽东外交文选》，中央文献出版社、世界知识出版社1994年版。
② 李慎明：《赢得未来发展重要战略机遇期的中国理念、中国方案》，《世界社会主义研究》2019年第9期，第4—19、93页。

翁达时提出了划分三个世界的观点。毛泽东根据当时世界各种基本矛盾的发展变化，认为苏联、美国两个超级大国是第一世界，它们具有最强的经济和军事力量；整个亚（除日本外）、非、拉美和其他地区的发展中国家属于第三世界，发展中的社会主义中国属于第三世界；处于这两者之间的发达国家，如日本、欧洲、加拿大是第二世界。

这一划分指出了美苏两个超级大国妄图称霸世界，是当前世界不得安宁的主要根源。第二世界的国家具有两面性，它们既有压迫、剥削和控制第三世界国家的一面，又有在不同程度上受美苏两个超级大国控制、威胁和欺侮的一面，因此是可以争取联合的力量。第三世界国家深受帝国主义、殖民主义和霸权主义的侵略与剥削，是世界革命的主力军。三个世界的划分指明了国际斗争的大方向，概括了当代世界范围的战略态势，对动员世界人民反对霸权主义起了巨大作用。

"三个世界"理论对当代中国发展产生了深远影响。

一方面，捍卫了国家主权、安全，维护国家核心利益。毛泽东提出"三个世界划分"理论的一个深刻背景正是基于对国家安全的战略考量。尽管当时中国在公开场合使用的语言仍旧充满激烈的革命色彩，但实际上，中国的战略考量越来越着眼于现实主义和国家核心利益，开始呈现出由"革命"走向"务实"的特征。

另一方面，打开了中国同西方国家关系的大门，为对外开放奠定基础。毛泽东一贯重视在对敌斗争中争取中间

> 势力。在毛泽东"三个世界划分"理论中，如何处理中美关系是关键性环节。毛泽东虽然把美苏同时划在第一世界，但实际上在他看来，此时美国深陷越战泥潭，全球战略收缩态势明显，对中国的威胁已经大为减弱，因此，在反对苏联霸权主义的斗争中，美国是一支可以加以利用乃至联合的力量。作为中国战略调整的指导思想，毛泽东"三个世界划分"理论顺应当时历史发展的客观需要，产生了积极的战略效应，以打开对美关系之门为突破口，扫清了中国同西欧、日本等国家和地区发展关系的障碍。

第二，将全球划分为三层市场，现实依据是各国比较优势已经分为三层。比较优势通常以人均 GDP 来衡量，全球三层市场的人均 GDP 相对比例为 12.6∶7.7∶1。如图 2-2 所示，美国处于第一层，人均 GDP 为 62887 美元；美国之外的其他高收入国家①处于第二层，人均 GDP 为 38118 美元；中、低收入国家处于第三层，人均 GDP 为 4975 美元。全球三层市场之间的比较优势差异很大，所以全球三层市场融合蕴含发展潜能也十分巨大。

第三，将全球划分为三层市场，战略依据是人口占比与贸易占比极度不均衡。这一局面如果得到改善，会极大促进全球发展。只有融入全球市场，才能融入全球分工，而分工是促进经济发展的最关键动力。第三层市场融入全球市场的程度非常低，虽然人口占全球的 84%，但贸易总额只占 32%。与之相反，第一

---

① 根据 2019 年世界银行标准，人均 GNI 12375 美元是分界线，之上是高收入国家，之下是中、低收入国家。

层市场和第二层市场融入全球市场的程度很高,它们贸易总额在全球中占比都高于人口在全球中占比。第三世界巨量人口融入全球市场程度过低,是第三世界欠发达的重要原因,过去几十年内,第三层市场的发展较为缓慢。非洲大多数国家在过去40多年里基本没有发生人均收入增长,东欧和苏联国家1998年的人均收入只相当于1973年人均收入的3/4,拉丁美洲和很多亚洲国家的人均收入也不增反降。这些发展缓慢甚至退步的国家引起了经济史学家麦迪逊的注意,据他统计有168个国家之多,并被他归类为单独的一组。[1]

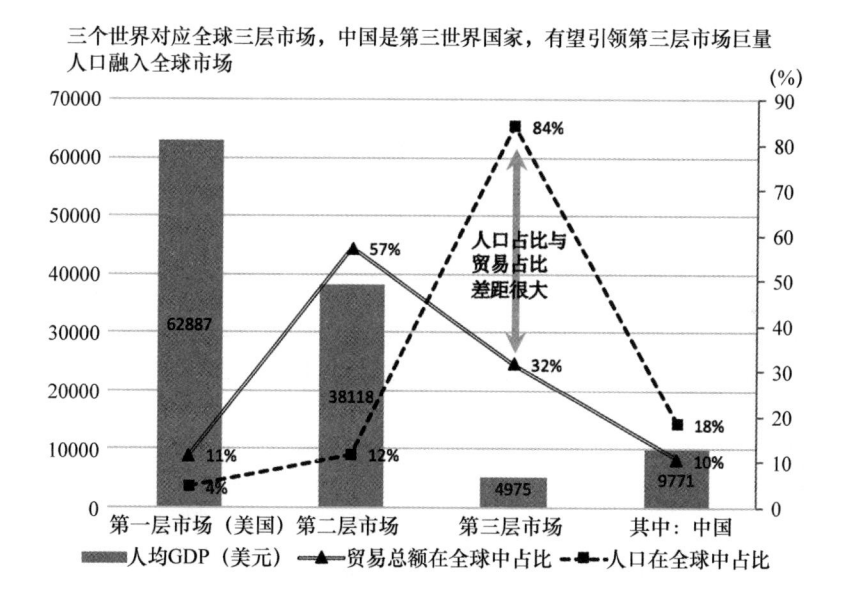

图 2-2 全球三层市场基本情况

资料来源:世界银行数据库,原始数据均以美元现价计算。

---

[1] Maddison A., *The World Economy: A Millennial Perspective*, OECD PUBLISHING, 2006, p.24.

第四，第三层市场拥有巨量人口，他们逐渐融入全球市场和分工体系，是第三世界和全球发展的重要潜力所在。假如第三层市场贸易总额占比与其人口占比相匹配，也就是第三层市场贸易总额占比从现在的32%上升到84%，第三世界人口将与第一、第二层市场人口更紧密地分工合作，全球人口都将极大受益。这一假设只有基于人类命运共同体理念才可能成为现实。但假如各国之间贸易摩擦不断升级而演变为大范围"脱钩"，那么第三世界巨量人口就很难融入全球分工体系，而第一、第二层市场也会因青年劳动力缺乏而陷入更深的衰退。这两种截然相反的结局，很大程度上取决于各国的选择。其中，中国的战略选择有独特作用。

二 中国的独特作用：开启全球三层市场开放融合新浪潮

（一）中国引领带动第三层市场融入全球市场

中国对于第三层市场融入全球市场，可以发挥引领带动作用。第一，中国属于第三世界国家，这是中国的长期战略定位。正如邓小平强调的："中国现在属于第三世界，将来发展富强起来，仍然属于第三世界。中国和所有第三世界国家的命运是共同的。中国永远不会称霸，永远不会欺负别人，永远站在第三世界一边。"[①]

第二，中国的开放和发展实践，为第三层市场探索出了可行道路。2006年中国的人均GDP和第三层市场总体人均GDP非常接近，都在2000美元左右；但到2018年，中国人均GDP已经是第三层市场总体人均GDP的两倍左右，和全球人均GDP基本相

---

① 《邓小平文选》第3卷，人民出版社1993年版，第56页。

当。中国正是在加入 WTO 后充分融入全球市场，才有了如此快速的发展，这一经验值得向第三层市场的其他国家推广。

第三，中国已经成为第三层市场中的先进国家，具有引领作用。不仅人均 GDP 高于第三层市场平均水平，而且中国贸易总额和全球占比（10%）与人口占比（18%）的差距已经相对较小，只有 8% 的差距，小于第三层市场 52% 的总体差距。

第四，中国对于全球产业发展和产业转移有关键枢纽作用。中国同时和第一层、第二层、第三层市场都建立了紧密的市场联系，一方面承接第一层、第二层市场的高端科技和资本要素，另一方面又可协助第三层市场更充分地开发其土地、劳动力要素。全球产业总体不断升级进步的同时，全球产业地理布局也会逐渐从第一层、第二层市场到第三层市场发生转移。中国位于全球产业升级和产业转移这两大趋势的枢纽位置。

（二）前两次全球化浪潮与新一轮全球开放繁荣浪潮的历史机遇

此前世界发生过两轮开放浪潮，都在局部地区证明全球化会带来巨大繁荣。在"和思维"引领下，第三轮全球开放和繁荣浪潮很有可能由中国开启，中国有机会成为全球三层市场开放融合的先行者。

第一轮开放浪潮，是殖民地全球化，始于 1750 年、盛于 19 世纪、终于 20 世纪初的世界大战。它是以英国、欧洲主导的，通过殖民地方式启动了全球化，美国在 1850 年左右将平均关税率降到历史低点。

第二轮开放浪潮，是经济全球化，始于 1950 年，很可能在近几年终结。它是以美国、英国等发达国家通过推动自由贸易方式促成。例如美国、英国、法国率先降低关税，三个国家的平均关税率都从30%、40%大幅降低到了10%以下。参与第二轮开放浪潮的国家都出现了高速经济增长，1950—1973年是世界经济增长最快的时段，世界人均GDP每年增长3%左右，即25年就翻一倍。

第三轮全球开放浪潮尚未开启，很可能经过全球本土化时期后，引领全球迈入生态文明时代，其关键是全球三层市场的互相开放融合。第一层、第二层市场掌握了大多数工业门类上游高科技，也有最成熟和开放的资本市场、高端服务业。第三层市场不仅有大规模制造业基础，如中国和越南，而且有巨量劳动力和广阔市场。第二层市场有将近50亿人口，巨量劳动力融入国际分工和贸易体系将产生人类历史上前所未有的全球大繁荣。当然，第三轮全球开放和之前两轮不同，不是在一些地区殖民，也不是通过军事霸权在部分地区推行自由贸易，而是要秉持和平发展道路，在全球范围内重整和连接三层世界市场，构建人类命运共同体。中国的人口规模、经济规模和产业分工地位，很可能扮演起将第一层和第三层市场重新连接的二层市场作用。

（三）2008年后全球化放缓与中国的作用

2008年后，许多国家放缓甚至停止了对外开放脚步。这使得全球分工深化速度明显放缓。中间品贸易最能反映全球分工深化程度，因为全球化时代，世界主要贸易品通常是几十个国家、几百个企业、上千个零部件或环节互相组合才形成产品。如图2-3所示，在2008年国际金融危机后，各国中间品贸易额绝对值减少，且回升乏力。其中一个重要原因，是2008年金融危机之后全球贸易保护主义抬头，各国降低关税进程停滞。例如，巴西的关税率从2008年后不再下降，甚至有所反弹，从2007年的6.77%上升到2017年的8.59%。

全球分工深化进程在2008年后进展缓慢
各国中间产品进出口额在2008年后增长乏力

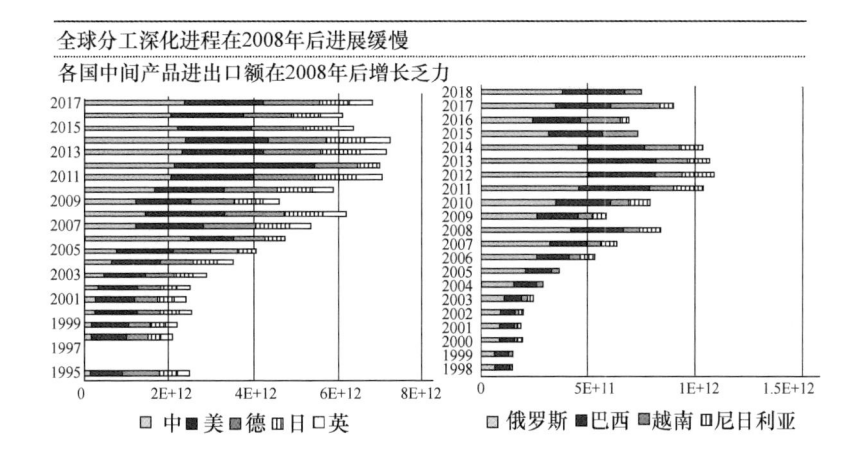

图 2-3 各国中间产品进出口额变化（单位：美元）

资料来源：根据联合国数据库 UN COMTRADE 整理得出，对数据库中 BEC 分类与中间产品的对应关系参照了盛斌、马涛（2008）[1]。

在各国降低关税进程停滞不前的背景下，中国率先扩大开放，不仅有利于中国进一步发展，也有利于开启全球三层市场开放融合新浪潮。按照世界银行最新数据（见图 2-4），中国制造业产品关税率为 4.29%，相较于 2001 年的 13.04% 已经有大幅下降。但相较于其他经济体，中国关税率还有进一步下降的空间。

第一，美国虽然不断挑起贸易摩擦，但其实它的关税率一直保持很低水平。2017 年特朗普开始执政时美国关税率是 1.57%，2018 年为 1.58%，并没有明显变化。

第二，欧盟也一直保持与美国相近的低关税率，一直维持在 2% 左右。虽然欧洲在欧债危机后兴起了保护主义，但其实它的关税率是更低而非更高了。2010 年欧债危机爆发时欧盟的关税率

---

[1] 盛斌、马涛：《中间产品贸易对中国劳动力需求变化的影响：基于工业部门动态面板数据的分析》，《世界经济》2008 年第 13 期，第 12—20 页。

为2.25%，2018年关税率降到1.80%。例如，法国经过劳工与税制等方面改革后，在2019年首次超过英国，成为欧洲最受欢迎的投资地，在2019年吸引1197个新项目，较前一年增加17%。同期英国FDI增加5%。①

第三，越南的关税率下降速度快于中国，关税率水平已经低于中国。2008年之前越南关税率显著高于中国，差距最大时是中国的两倍；2008年后，越南继续降低关税率，到2018年时只有2.29%，是中国的一半左右。2008—2018年越南经济增长十分迅

制造业产品关税率
中国仍有进一步扩大开放的战略空间

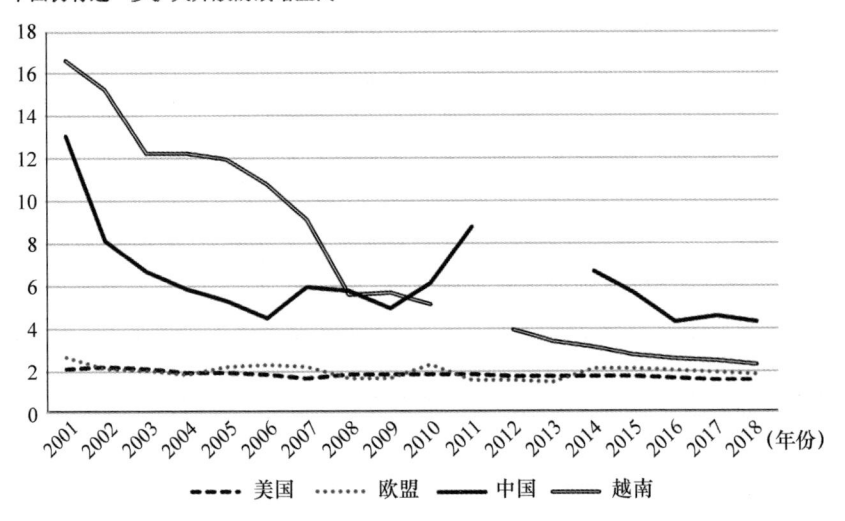

图2-4 各国制造业产品关税率（单位：%）

注：关税率为加权平均值（tariff rate, applied, weighted mean, manufactured products），2012—2014年原始数据缺失。

资料来源：世界银行数据库。

---

① 《调查：新冠疫情致逾三分之一欧洲FDI项目延期或取消》，2020年5月28日，中国经济网。

速，而且增速在持续升高，2018年、2019年连续两年GDP增速超过7%。越南的持续高速增长，说明加大对外开放的潜力还远远没有释放完毕。

虽然中国关税率暂时高于欧美和越南，但仍然是全球三层市场开放融合的最关键经济体。一方面，在第三层市场中，相较于越南等新兴经济体，中国经济市场规模更大，产业链更完整，与第一层、第二层市场的经贸联系更密切；另一方面，相较于第一层、第二层市场，中国经济增长更快，政治体制具有独特优势，而且与第三层市场有更稳固的关系。如果中国加大对外开放力度，如加大降低关税力度，不仅能促进中国经济高速发展，也能重启2008年后放缓的全球化进程，推动全球三层市场重新开放融合，开启第三轮全球化的开放浪潮。如果单纯就经济规模和产业阶段而言，中国在"和思维"指引下，可能重整已经脱钩的三层市场，很可能单独成为一层市场。毕竟中国同时兼具大规模人口、大规模市场、齐全产业布局和产业链、高速经济增长，而且（按人均GDP计算）中国已经跻身中等偏上收入地区。届时，中国将进一步发挥承上启下的关键作用，上接欧美发达国家市场，下连其他发展中国家市场，在全球市场大开放、大繁荣中发挥更重要作用。

第四节　对全球化和国家战略的影响与展望

本章在全球疫情危机背景下，分清"战思维"与"和思维"这两组对比观念，有助于明确战略选择。当前，关于疫情危机和中美贸易摩擦的紧张气氛久未消散，足见疫情危机绝非单一国家治理问题，中美贸易摩擦也并非只是贸易问题。本书从对比观念的理论视角，梳理了关于贸易摩擦的各种意见和主张，并提出对全球化和超越性的国家战略影响。

一是在战略层面提出以"和思维"超越"战思维"，提倡"不想打、不怕打"，提高战略能力来精准应"战"，以"战"促和；提倡在新时代发扬"你打你的，我打我的"战略思想，保持战略定力，推动构建人类命运共同体。

二是在战术层面提出"和思维"观念下的历史机遇——全球三层市场融合。以"和思维"超越"战思维"，有助于看清推动构建人类命运共同体的一个历史机遇，即全球三层市场融合。虽然2008年国际金融危机中断了许多国家降低关税和贸易开放进程，2020年以来新冠肺炎疫情又造成许多国家经济停摆、失业率大幅上升，但中国拥有全世界门类最齐全的产业体系、最大的消费市场，掌握着开启第三轮全球开放和共创繁荣新浪潮的主动权。在毛泽东"三个世界划分"战略思想指导下，面对全球三层市场现实，中国应该通过加大开放力度、降低关税壁垒，以推动正在脱钩的第一层、第二层市场重新整合，引领第三层市场50亿巨量劳动力融入全球分工体系，以释放全人类深度分工合作的巨大发展潜能。

展望未来，虽然特朗普时代似乎正在过去，全球疫情危机也终将过去，各种类型的国家主义和民族主义抬头导致的去全球化正在进行，但中国提倡和践行的开放共创繁荣依然是时代主题。近几年来，得益于"一带一路"和人类命运共同体倡议推行，全球开放融合新潮流正在形成。"一带一路"被美国公众智库的库恩称为"二战以来最重要的全球性思维之一"[①]。响应"一带一路"倡议的国家与中国签订了针对绝大部分商品服务的零关税协

---

① 纪录片《习近平治国方略：中国这五年》第三集《合作共赢》，2019年9月。

议,极大促进了全球开放。2013—2019年,中国与"一带一路"沿线国家货物贸易累计总额超过7.8万亿美元。[①] 正如习近平总书记明确主张的,中国要进一步降低关税、扩大开放领域、加快自贸区和自由港建设、改善营商投资环境、推进世界经济规则修订和贸易协议签订。[②] 展望未来,中国将继续发扬"和思维"的智慧,超越贸易摩擦,带动全球三层市场重新开放融合,引领第三轮全球大开放、大繁荣浪潮。

[①] 《6年时间中国与"一带一路"沿线国家货物贸易总额超7.8万亿美元》,2020年5月18日,央视网。

[②] 习近平:《开放共创繁荣,创新引领未来——在博鳌亚洲论坛2018年年会开幕式上的主旨演讲》,《创新时代》2018年第5期。

第三章　经济全球化向全球
　　　　本土化的转变

新冠肺炎疫情作为一次全球化危机，催生了新的全球治理格局——全球本土化。在国际层面，新冠肺炎疫情加速了去全球化和国家间脱钩，催生了国家间无接触经济，主要表现为以抗风险为名推动供应链回迁本国，确保经济"自力更生"，即全球本土化。在国内层面，避免人际接触风险的城乡无接触经济也在新技术手段下兴起，以乡村无接触经济为基础，使得以无接触经济为代表的新业态新模式逆势而起，在生产方式、消费模式及管理范式等多方面，塑造了数字经济新模式。全球本土化背景下的乡村振兴，带来了城乡互助新趋势，将成为双循环发展新格局的压舱石和稳定器。双循环格局下，以乡村无接触经济和全球本土化为基础，可能启动国家间经济再接触的第三轮全球化浪潮。

"全球本土化"，即基于国内需求的全球化，切实服务于以国内大循环为主的双循环发展格局，更强调本土创造与地方创新的事物更好地服务于全球需求，是一种自下而上的全球化。其描述了本土条件对全球化的反馈作用，意味着普遍化与特殊化趋势的融合，两者共同起作用。新冠肺炎疫情的全球暴发，也正在赋予

"全球本土化"一词新的含义,并给中国提供新的国际视野。面对全球疫情危机,没有一个国家可以独善其身,真正进行国家间无接触;也没有一个国家可以对疫情置之不理,任由国家间人员自由往来。"全球本土化"意味着在全球治理缺位和全球化危机蔓延的基本背景下,各国各地区主要结合本土化的有效治理体系,进行基于本土化的危机应对。全球本土化将成为应对危机的必然趋势。经过全球本土化时期,谁能促进国家间再接触,引领第三轮全球化浪潮,取决于谁先渡过疫情危机,并提供全球治理方案。

第一节 新冠肺炎疫情加速了全球化危机与脱钩

世界风险社会理论提出者、德国社会学家乌尔里希·贝克在其1986年的成名作《世界风险社会》一书中提出,现代社会高度相互依存,但"有组织地不负责任"使得风险无处不在,我们就"生活在文明的火山上"。[①] 现代风险具有全球性与平等性。风险的全球化趋势,使得其风险和破坏不会理会国家边界。风险如同中世纪穷人的传染病,它不会绕过世界富裕社区的那些邻居。风险的平等性,也使得施害者最终也变为受害者。风险以一种整体的、平等的方式损害着每一个人。现代社会的风险具有"飞去来器"效应。[②]

放在2020年全球疫情危机和全球治理危机的背景下,再来

---

① 乌尔里希·贝克:《世界风险社会》,南京大学出版社2004年版。
② 贝克、邓正来、沈国麟:《风险社会与中国——与德国社会学家乌尔里希·贝克的对话》,《社会学研究》2010年第5期,第208—231、246页。

看贝克的风险社会理论，更能体会到疫情危机背后的全球化危机，也能认识到国家治理能力和全球治理体系的缺位，放大了全球化的负面效应。风险社会理论有助于我们清醒地认识当前所处的历史阶段、面临的挑战并做出合理的反应。① 疫情侵扰之下，世界各国在疫情防控上采取了"自扫门前雪"的国家主义举措，让全球化遭受重击，进一步触发了国家间经济脱钩，产生了以去全球化为标志的国家间无接触经济，以及走向全球本土化的历史潮流。

自 2008 年国际金融危机以来，去全球化（de-globalization）已成为重要趋势。这是在经济全球化进展到一定阶段后，出现的不同程度和不同形式的市场再分割现象，既体现为主权国家市场由全面开放退回到有条件开放，甚至封闭的过程，也体现为有关国家通过制定相关规则和制度来限制全球化进一步扩张的现象。2020 年疫情蔓延，使得各国经济、贸易和外国投资增长，已呈停滞状态，表现出"慢全球化"（slow-balisation）现象。作为"去全球化"的孪生词，"反全球化"（anti-globalization）也与全球化相伴而生，可以理解为全球化负面效应的集中反映。反全球化运动的兴起，源于西方发达国家作为经济全球化的主导者对其收益分配格局的不满。

与反全球化相比，去全球化更多地强调通过政策手段来实现对全球化的遏制，往往是有关政府迫于民众反全球化的舆论压力，而将民众对全球化的负面情绪上升为国家政策，意图重新构建有利于本国的国际经济规则和秩序。② 因此，新冠肺炎疫情为

---

① 杨雪冬：《风险社会理论述评》，《国家行政学院学报》2005 年第 1 期，第 87—90 页。
② 李丹：《"去全球化"：表现、原因与中国应对之策》，《中国人民大学学报》2017 年第 3 期，第 99—108 页。

部分西方政客的去全球化主张提供了"合理性"。① 此外，以新自由主义为理论基础的全球化在推动全球经济和社会全面发展的同时，由于存在国内治理失范、国内治理与全球治理失调、全球治理与全球化不匹配等问题，反全球化运动开始兴起。为了缓解民众对全球化的负面情绪，西方发达国家制定了去全球化政策，最终导致逆全球化的产生。②

近些年国际金融危机的持续爆发，使人们开始关注全球化的负面影响。新冠肺炎疫情危机更加切断了产业链和供应链，使得全球治理危机成为第二轮全球化即将终结的标志，"脱钩"也成为全球治理的高频词。"脱钩"（decoupling）最早被用来描述发达国家工业化进程以来经济增长与物质消耗之间的关系，但延伸到政治学领域后，"脱钩"（disengagement）指代主权国家从其原来所在世界体系中分离开来的状态。危机面前，人人自危，各国与世界体系也不再挂钩，推动了不同的国家阵营出现和国家间无接触，其中经济脱钩尤为明显。在第一次全球化危机和去全球化过程中，英镑与黄金脱钩。在第二次全球化进程中，1971年美元与黄金脱钩，布雷顿森林体系解体。在当前第二次去全球化潮流中，美国退群、英国脱欧、贸易保护主义兴起。从历史经验看，英国、美国都相继从全球化的主要推动力量转变为去全球化的带头力量。其本质上都是全球化缔造者（也是其早期核心受益者），在后期无力提供全球治理这种全球公共物品，在失去利益分配主导权后，以脱钩来反戈一击。"脱钩"成为全球化主导者在力量式微时，采取"以邻为壑"的方式处理全球治理危机的惯用伎俩，具有极强的负

---

① 阎学通：《新冠肺炎疫情为去全球化提供合理性》，《国际政治科学》2020年第5期，第4—7页。

② 陈伟光、郭晴：《逆全球化机理分析与新型全球化及其治理重塑》，《南开学报》（哲学社会科学版）2017年第5期，第58—70页。

外部性。① 受疫情冲击，全球化呈现回归"经济主权"时代的趋势，可能演变为"有限的全球化"。欧美国家将更加强调自身的"经济主权"，并通过"产业回归"的方式调整经济结构，将事关国家安全和民众生命安全的生产能力留在国内或转移回本土。"有限的全球化"在短期内将对中国经济产生较大冲击，但从长期看，中国可以从中获益。② 作为全球第一、第二大经济体，"脱钩"不仅对中美关系产生深远影响，也势必对现存国际秩序乃至全球化走向形成重大冲击。③ 具体如图3-1所示。

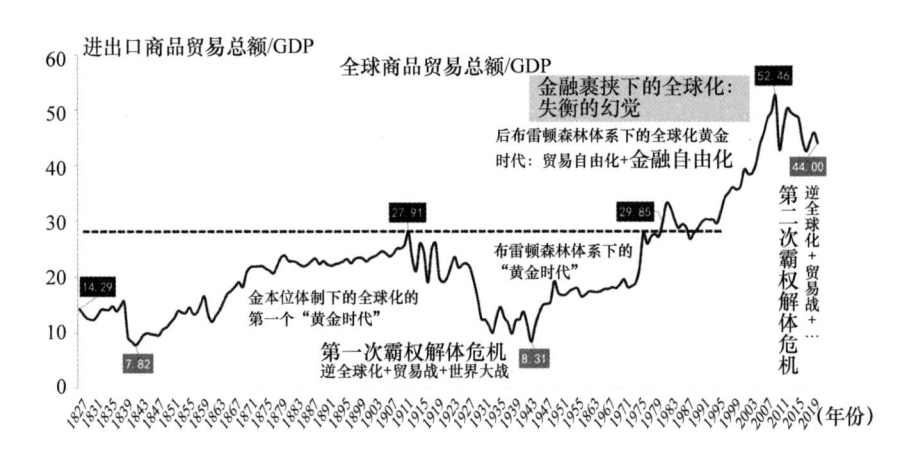

图 3-1 历次脱钩引发的全球贸易波动④

新冠肺炎疫情的全球大流行，使得去全球化、反全球化和慢全球化这些全球化危机的不同侧面都呈现在我们面前，对国家能

---

① 参见《刘鹤答凤凰记者问：第一阶段协议阻止中美贸易脱钩倾向》，2020年1月16日，凤凰网（http://news.ifeng.com/c/7tHSSrzds0m）。

② 张弛、郑永年：《新冠疫情、全球化与国际秩序演变》，《当代世界》2020年第7期，第17—21页。

③ 傅梦孜、付宇：《对当前中美"脱钩论"的观察与思考》，《人民论坛·学术前沿》2020年第7期，第33—41页。

④ 图片来源自陈达飞（2020），东方证券。

力和非传统安全提出了新的全球治理命题。① 在技术上已经将全球紧密连接为地球村的今天，国家间无接触和去全球化能进行到什么地步？下一代全球化到底面目如何？本书将从全球本土化角度，进行国家间重新接触的第三轮全球化猜想，并对乡村应对疫情危机的优势，从无接触经济角度进行思考，提出新的城乡互助模式和全球治理模式。

第二节 经济全球化：历史沿革与当下挑战

一 经济全球化的发展与突破

全球化可以被定义为全球社会关系，距离遥远的两地所发生的事件在互相影响。② 自工业革命以来，人类社会已经历了两轮全球化进程。第一轮是1750年到第二次世界大战期间的殖民地全球化，以英国为首推动，以全球殖民、掠夺原材料和市场为主要特征。欧洲和北美各国相继在这轮全球化中受益。第一轮全球化最高峰时，全球85%的陆地面积属于殖民地或殖民地宗主国。由于殖民贸易不得人心，殖民地宗主国力量此消彼长，难以形成均势，利益分配也高度不均，引发了两次世界大战，殖民地全球化也退出了历史舞台。第二轮全球化主要是由美国主导的经济全球化，始于1945年前后，并很可能在近几年终结。第二次世界大战以后，以联合国、世界银行等战后政治经济组织为推动力量，全球各国开始推动贸易自由化，并由此推动了资本、信息、人才、技术的全球流动。20世纪末，互联网经济的兴起，更用新

---

① 程新斌、王静姝、唐啸：《国家能力与非传统安全——基于新冠肺炎疫情的再思考》，《政治学研究》2020年第4期，第185—192页。
② Giddens, A., *The Consequences of Modernity*, Cambridge: Polity Press, 1990, p. 64.

的技术手段把全球社会生活连接在一起。20世纪90年代后的全球化则更多地呈现出"社会各关系扩张""沟通交流强化""经济、社会惯习相互渗透""全球性基础设施出现"等现代特征，置身连接世界的文化、经济、政治网络，得益于通信网络快速普及后实时沟通的实现。借助全球性基础设施，许多地方事务不仅相互交流，而且对全球化的影响日益凸显。

二 有效的全球化？

无论如何评价历史功过，这两次全球化都将原本分散、独立发展的各地区市场联通为全球大市场。全球化一方面生动呈现了自由主义经济学的"市场秩序的自动扩展"，另一方面也带来了人类社会你中有我、我中有你的高度相互依存和贸易与财富的空前增长。

第二轮全球化更通过产业链、供应链的方式在全球布局，让全球经济连为一体，故常被称为经济全球化。有效的全球化体现为：一是生产活动开始全球化。传统的国际分工正在演变成世界性分工，从传统的以自然资源为基础的分工发展成为以现代工艺和技术为基础的分工，而且分工机制的形成主要是由跨国公司在推动。世界性的生产网络使得世界各国可以充分发挥比较优势，节约社会劳动，从而使得生产要素达到最优配置，提高了经济效益，促进了世界发展。二是促进了世界多边贸易体系的形成，使得国与国之间的贸易壁垒降低了，关税降低了，整体的交易成本也降低了，世界各国在世界上的交易变得更加频繁，国际贸易增长率大大高于世界经济的增长率。三是各国金融体系越来越融为一体，全球化极大地加快了世界金融一体化的进程，许多地区性的金融业出现了一体化，银行、证券公司和基金等金融机构可以在一定的区域内不受限制地开展保险和投资等金融业务。比如欧盟统一的大市场建立后,欧盟所有国家的金融机构可以在欧洲金融市场上自由交易,进一步推动欧洲金融市场成为全球金融市场。四是推动全球性投资框架的建立,以各大跨国公司为主的企业在全球化的进程中进行疯狂的投资、并购,其投资遍布全世界。这也是近些年跨国投资成为各国乃至世界经济发展和增长新支点的原因之一。五是经贸文化、人才逐渐世界化,以全球化、高速化、个性化为特征的网络媒体和新兴技术覆盖全球,经济生活和贸易文化开始出现全球性趋同的趋势,"国际人"开始走俏,全球性的目标逐渐形成。文化和人才的全球化也进一步推动了全球经济的融合,使得世界经济成为你中有我、我中有你的共同体。

三 无效的全球治理?

全球化经历了三四十年的发展,在给经济和贸易带来便利与繁荣的同时,也带来了不少的经济问题和随之而来的政治问题。世界大多数人都不拒绝全球化带来的好处,但是也都不得不承认全球化给全球治理带来了重重挑战。[①] 因为经济全球化并不是成功的保证,国际社会需要的不仅仅是运输和通信领域取得的交易效率上的成功,还需要保证主要国际公共利益的体制框架。事实上,经济已经全球化了,但是全球性治理却远远没有跟上经济全球化的脚步,没有形成稳定有效的全球治理体系。

首先,近几年以美国为首的一些国家纷纷"退群"(即退出世界多边治理机构和组织),给本就不稳定的世界治理体系带来

---

① 杨雪冬:《全球化、风险社会与复合治理》,《马克思主义与现实》2004年第4期,第61—77页。

了严重的冲击。疫情之下，联合国、世卫组织等多边治理机构治理无效和民族国家对于这些多边机构的信心丧失都体现了当前的全球性治理已经问题重重。比如，美国宣布在新冠肺炎病毒大流行期间退出世界卫生组织。① 按照原来所期望的初衷，世界卫生组织应该在传染病等卫生疾病全球大流行时发挥组织协调和统筹抗疫的重要作用，在诸多"退群"影响下，实际发挥的作用非常有限。其次，国际上"反多边主义"和"民粹主义"盛行，在全球范围内对全球政治的抵制以民族主义的形式出现了。经济全球化方面的共识已经被淡化，贸易保护主义大行其道，各国都愿意享受全球化带来的好处，却不愿承担责任。人们认为全球化对主权国家体系造成了严峻挑战。虽然表面上国家要求"在其自己疆域内享有超越一切的有效霸权"，但是因为国际机构扩展的管辖权和国际法的限制与束缚，在不同程度上损害了自己国家的权力。② 这也是很多国家抵制全球性组织和机构的重要原因，也是进一步导致全球治理失效的原因之一。

在关于全球发展政策的研究中，托马斯认为，当前的劝阻治理体系产生的战略选择是"由一部分国家、影响力逐渐扩大的法人，以及在全球市场中做出消费选择的20%世界人口决定的"③。因此，人们普遍相信，现在已经产生了一个更加分裂的世界。分裂的发展更是带来了地区、国家之间的发展不平衡，导致国家与国家、地区与地区之间的差距越发增大。诸如涉及福利、人类安

---

① 参见《美国正式退出世卫组织》，2020年7月8日，人民网（http://world.people.com.cn/n1/2020/0708/c1002-31774878.html）。

② Robert Keohane, *International Institutions: Two Approaches*, International Theory, Palgrave Macmillan UK, 1995.

③ Reiss R D., Thomas M., *Statistical Analysis of Extreme Values-from Insurance, Finance, Hydrology and Other Fields*, Computational Statistics, 2000, pp. 307–311.

全和减少贫困等的治理问题频发,治理的结构性缺陷凸显,诱发了被政治科学所描绘的合法化危机——同时实现有效、积极和负责的治理能力大大降低了。① 全球治理的无效和危机主要体现在以下四个方面:一是管理的不足,从金融到环境治理的关键性全球政策中,存在相当程度的"国际公共物品供给不足和管理缺陷"。② 二是合理性的不足,全球性的社会政策和发展的机构在履行其任务和实现其目标时,出现许多不公平的行为,腐蚀了人们的政治信心③,导致理想和现实之间的鸿沟越来越深。三是协调不足,尽管世界上存在着多元治理体系的价值规范,但各个规范之间都会存在政策非理性和制度间的斗争,在全球治理过程中没有一个"中央"的存在去统筹协调各方。四是服从的不足,执行机制的相对无效和匮乏导致全球治理出现"搭便车"与不顺从问题。

四 全球化危机催生了去全球化的浪潮

全球化作为一个历史进程,实际上是与现代意义上的风险同步出现的,并且当其成为当代(即全球化时代)的主要特征时,风险也会成为一个社会的主要特征。具体来说,全球化与风险社会的关系体现在四个方面:首先,全球化大大增加了风险的来源。全球化的核心内容是人员、物资、资本、信息等跨国流动和大陆流动的加速,以及各个国家、社会、人群相互联系和依赖的增强。其次,全球化放大了风险的影响和潜在的后

---

① 哈贝马斯:《合法化危机》,刘北成、曹卫东译,上海人民出版社2000年版。
② 张胜军:《全球化与国际组织的新角色》,《国际论坛》2004年第3期,第14—19、79页。
③ Bergesen H. O., Lunde L., *Dinosaurs or Dynamos? The United Nations and the World Band at the Ture of the Century*, London Earthscan Publications, 1999.

果。风险影响方法主要通过两种渠道实现：一是相互依存的加深增加了风险后果承担者的数量；二是发达的通信技术使更多的人意识到风险的潜在后果，也容易因为信息的不完全过度恐慌。再次，全球化推动了全球风险意识的形成。现代通信技术的发展和创新克服了时间与空间对人类交往的限制，提高了不同社会中人群对同一件事的在场感以及经验、认识和知识的相互交流。最后，全球化呼唤并推动全球风险治理机制和全球治理体系的变革。

五 新冠肺炎疫情加速了国家间无接触与全球化危机

突如其来的新冠肺炎疫情，再次使"脱钩"成为国别间、区域经济间及经济体内部关系间的高频词。其中，"中美脱钩论"是最典型代表。"中美脱钩论"最早是由一些美国媒体和智库提出的，2018年5月，这一词语就出现在美国一些大学和智库讨论美国经济关系的文献之中。同年11月，美国总统特朗普前首席战略顾问史蒂夫·班农则把它变成了一个具有政策影响力的"战斗呐喊"。[①]在新冠肺炎疫情的催化下，特朗普政府急于转移国内矛盾和施政压力，加速对华"脱钩"的趋势越发明显。这表现为借助抗击疫情的"污名化"推动对华"信息战"升级、以维护国家安全名义加速对华投资"脱钩"、遏制中国高科技产业发展以加速对华科技"脱钩"，以及酝酿和实施旨在推动中美金融"脱钩"的制裁措施。[②]

哈佛大学教授丹尼·罗德里克（Dani Rodrik）在2000年提

[①] 陈继勇、杨格：《新冠肺炎疫情与中美经贸关系重塑》，《华南师范大学学报》（社会科学版）2020年第5期，第48—56、189—190页。

[②] 王达、李征：《全球疫情冲击背景下美国对华"脱钩"战略与应对》，《东北亚论坛》2020年第5期，第47—62、127页。

出"全球经济的不可能三角"(Trilemma of Global Economy,又称"全球经济的三元悖论"),认为一国政府只能在经济全球化、政策主权和民主政体三者之中任选两个,而无法同时获得三个①。这个由蒙代尔"不可能三角"引申出来的"全球经济的不可能三角",在近些年广受重视。面对中国经济的快速增长与和平崛起,美国作为经济全球化的主导者,希望重新建立有利于自己的"再全球化"秩序,以自己的"脱钩"来迫使各国选边站,从而实现"去中国化",使得中国与其主导的全球化体系"脱钩"。故此,近些年美国表面上"放弃"了经济全球化,来保全其政策主权和民主政体,实质上是要迫使中国"脱钩"或臣服,从而继续独享全球化收益。以此为背景,美国在中美两国商贸往来问题上不断制造摩擦,国内民粹主义崛起,激进政客不断发表"中国病毒""中国为全球买单"等威胁言论,企图在其"脱钩"威胁中实现美国主导的再全球化之前的"去中国化"。

第三节 全球本土化:理论沿革与中国实践

一 全球本土化是修补全球化危机的路径吗?

新冠肺炎疫情引发了新一轮去全球化的浪潮,"全球本土化"重新进入人们的视野中。"全球本土化"最早见于日本学者发表在《哈佛商业评论》中提及的"think globally and do locally",认为需要以全球思维开展本土化的实践。② 20 世纪 90 年代初,西方社会科学领域为体现全球化所内含的时空压缩、文化同质化及

---

① 罗德里克:《全球化的悖论》,廖丽华译,中国人民大学出版社 2011 年版。
② Miyoshi, M. and Harootunian, H. D., *Post-mordenism and Japan*, Durham: Duke University Press, 1989.

价值观聚合意义等的结构，将"全球化"（globalization）和"本土化"（localization）两个概念合成一个新词"全球本土化"（glocalization）。① "全球本土化"原意是一种营销手段，其最终的目的是尝试引入同质化的文化和社会元素，以更大限度地提高企业的营业收入。② 关于全球本土化的研究，有别于当时重视全球化均质化作用的研究，也有别于全球化异质化作用，即全球化压力催生地方文化多元化功效的研究，而更加强调全球化与本土化进程及其双向互动，进而揭示出此前被遮蔽的地方事物对于全球化进程的能动作用。此外，全球本土化与当时主要从经济、物质等方面开展的学术讨论相异，力主还应从社会、文化等方面进行推进研究。这一思路受到萨斯基娅·萨森（Saskia Sassen）、阿尔君·阿帕杜莱（Arjun Appadurai）等研究全球化学者的赞同和应用，成为全球化研究的"文化转向"。③ 全球本土化更强调本土创造，与地方创新的事物更好地服务于全球需求，是一种自下而上的全球化。④ 显然，与全球化理论相比，"全球本土化"理念有着更深刻的社会影响。

经济全球化进程为新冠肺炎病毒跨境传播提供了便利条件，全球化进程的加快、全球流动性的增强也加快了传播速度，但这并不是新冠肺炎疫情发展成如今肆虐全球的直接原因或根本原因。一些重要国家领导人对疫情的轻视或决策不当，国家之间的

---

① Robertson R., "Globalisation or Glocalisation?", *Journal of International Communication*, 2012, pp. 191 – 208.
② Lehmberg D., Hicks J., "A 'Glocalization' Approach to the Internationalizing of Crisis Communication", *Business Horizons*, Vol. 61, No. 3, 2018, pp. 357 – 366.
③ Schaeffer R. B. R., "Globalization and Its Discontents: Essays on the New Mobility of People and Money", *Social Forces*, 1999, pp. 1197 – 1198.
④ Roudometof, V., "Transnationalism, Cosmopolitanism and Glocalization", *Current Sociology*, 2016, pp. 113 – 135.

合作不足难辞其咎。同时，在结构性原因和政策性原因的交互影响下，中美"部分脱钩"状态将长期存在，但难以实现"全面脱钩"，中美"脱钩"的进程最终要取决于两国的政策选择与相互塑造①，因而全球本土化成为当下大国博弈的备择选项。新冠肺炎疫情之后，全球化将出现阶段性的变轨或嬗变，主要体现在全球产业链的重构难以避免、部分企业将向本土回归，以及全球主义让位于区域主义。② 因此，后疫情时代全球化面临的嬗变呼唤中国的本土化实践。

二 构建"双循环"发展新格局是中国全球本土化的创新实践

2020年5月14日召开的中共中央政治局常务委员会会议首次提出，要深化供给侧结构性改革，充分发挥中国超大规模市场优势和内需潜力，构建国内国际双循环相互促进的新发展格局。③ 构建以国内大循环为主体、国内国际双循环相互促进的发展格局，是基于应对逆全球化趋势、新冠肺炎疫情及经济转型发展的现实逻辑。④ 在世界百年未有之大变局的历史条件下，以构建"双循环"新发展格局推动"全球本土化"进程，不仅为破解中国经济发展困境提供新思路，也为中国特色社会主义经济持续高质量发展指明新方向，为世界新一轮经济复苏

---

① 刁大明、王丽：《中美关系中的"脱钩"：概念、影响与前景》，《太平洋学报》2020年第7期，第12—27页。
② 傅梦孜：《新冠疫情冲击下全球化的未来》，《现代国际关系》2020年第5期，第7—12、65页。
③ 《中共中央政治局常务委员会召开会议 中共中央总书记习近平主持会议 分析国内外新冠肺炎疫情防控形势 研究部署抓好常态化疫情防控措施落地见效 研究提升产业链供应链稳定性和竞争力》，《人民日报》2020年5月15日。
④ 蒲清平、杨聪林：《构建"双循环"新发展格局的现实逻辑、实施路径与时代价值》，《重庆大学学报》（社会科学版）2020年第4期，第24—34页。

注入新动能。

中国的经济发展战略进行了与时俱进的调整,经历了"构建扩大内需长效机制""供给侧结构性改革""强大国内市场"以及"畅通国民经济循环"等探索,最终在新形势下形成了双循环的发展思路。①"十四五"时期是中国经济从高速增长转入高质量发展的攻关期,迫切需要以加快形成强大国内市场为核心促进国内大循环。这既是应对国际严峻复杂形势的关键之举,也是开启全面建设社会主义现代化强国新征程的战略举措。②贾根良较早指出,"国内经济大循环战略是破解美元霸权和应对外向型经济发展模式危机的根本性措施",并提出了贸易平衡或略有逆差的发展模式不仅比贸易顺差能够创造更多的就业机会、增加更多的国民收入,而且也可以解决中国贸易顺差时代的国内通货膨胀问题。③以国家战略为依托,利用中国超大规模市场、多层级消费市场和统一大市场等优势,铸就双循环内生市场动力;以自主创新为核心,以制造业服务化为竞争新优势,以数字经济为新契机,打造双循环的产业支撑作用;改善营商环境,培育双循环的企业主体地位,形成供给更高质量、内需更具活力的高水平动态平衡。④因此,强大的国内市场是构建双循环的关键,同时经过供给侧结构性改革的三农领域能够通过乡村振兴成为国家长治久安的压舱石和双循环发展新格局的稳定器。

---

① 徐奇渊:《双循环新发展格局:如何理解和构建》,《金融论坛》2020年第9期。
② 王微、刘涛:《以强大国内市场促进国内大循环的思路与举措》,《改革》2020年第10期。
③ 贾根良:《国内大循环:经济发展新战略与政策选择》,中国人民大学出版社2020年版。
④ 钱学锋、裴婷:《国内国际双循环新发展格局:理论逻辑与内生动力》,《重庆大学学报》(社会科学版)2020年第5期。

第三章
经济全球化向全球本土化的转变

第四节 全球本土化的未来展望

一 "全球本土化"的历史机遇

全球本土化，由全球化和本土化两个词组合而成。这一提法源自日本学者三吉将夫（Masao Miyoshi）和哈路图尼安（Harry Harootunian）在1989年提出的"全球化思维和本土化运作"（think globally and act locally）。概念提出时，只是作为一种日本企业的营销策略。在全球化危机中，人们不断思考全球化和本土化的关系，开始将全球本土化由营销策略扩展为应对经济全球化危机的一种思潮。社会学家罗兰·罗伯森（Roland Robertson）于1997年在"全球化和本土化文化"会议上提出，"全球本土化"描述了本土条件对全球化的反馈作用，意味着普遍化与特殊化趋势的融合，两者共同起作用。①全球本土化概念，已应用在日本、韩国、俄罗斯、印度、中国香港和台湾地区的很多比较研究中，内涵在不断拓展，逐渐实现本土化和全球化的交融。

新冠肺炎疫情的全球暴发，也正在赋予"全球本土化"一词新的含义，并给中国提供新的国际视野。面对全球疫情危机，没有一个国家可以独善其身，真正进行国家间无接触；也没有一个国家可以对疫情置之不理，任由国家间人员自由来往。事实上，在疫情全球蔓延却缺乏全球治理的基本事实下，每个国家只能立足本土实际，运用全球信息、技术和资源，找到有效办法渡过危机。"本土化"一改过去全球化浪潮中的配角角色，开始成为中心词，"全球化"只是定冠词。"全球本土化"意味着在全球治理缺位和全球化危机蔓延的

---

① 罗兰·罗伯逊：《全球化：社会理论和全球文化》，梁光言译，上海人民出版社2000年版。

基本背景下，各国各地区主要结合本土化的有效治理体系，进行基于本土化的危机应对。这隐含着两个前提假设：其一，主权国家需要识别并采取符合本土条件的措施；其二，主权国家将全球信息、技术、资源引进国内，却须阻断全球危机向本国的传递链条。

如今，第二轮全球化正在遭遇毁灭性打击，全球本土化将成为应对危机的必然趋势。经过全球本土化时期后，谁能促进国家间再接触，引领第三轮全球化浪潮，取决于谁先渡过疫情危机，并提供全球治理方案。中国在"和思维"下的和平发展道路，立足本土化的生态文明战略，以及同呼吸共患难的人类命运共同体主张，将会提供新的全球治理方案。中国已经率先渡过疫情危机，并将发挥人口规模、经济规模和产业分工地位的优势，很可能起到将第一层市场（发达国家）和第三层市场（近50亿人口的广大发展中国家）重新连接的二层市场作用，引领全球迈入生态文明时代。比如，面对疫情蔓延，91岁的生态学家小约翰·柯布强调了"在地化生态文明"。他认为，经济从跨国经济转向国民经济和自给自足的地方经济，能够实现在地化的生态文明。中国的在地化生态文明图景将是大多数人生活在基本自给自足的美丽乡村，这也使得中国更加安全，具有更多独立性。

二 全球本土化：经济回嵌社会的立足点

疫情对全球供应链的冲击，一方面使国内生产按下暂停键，通过出口供应链影响全球；另一方面，国外消费锐减，全球供应链被阻断，全球范围内的产业分工也按下了暂停键甚至停止键。全球化危机的出现，是对经济脱嵌于社会的警示。[①] 作为国家间

---

① 孙伊然：《全球化、失衡的双重运动与"内嵌的自由主义"——基于微观层面的探讨》，《世界经济与政治》2010年第5期，第102—123、159页。

无接触经济的主要表现形式，全球本土化发出了经济回嵌于社会的信号。全球本土化是去全球化发展到一定阶段的产物，是对脱钩和全球化危机的必然反应。大国既可以是全球化和去全球化的主要推动者，也可以是全球本土化的主导力量。从现实情况看，中国在全球领先遏制住疫情蔓延，保证了国内经济社会平稳运行，主要原因是中国能够实现生产、流通和消费在国内的闭环循环。中国的内循环实践更新了全球本土化内涵，建立了在地化生产、消费及交易体系，这为经济秩序的双重回嵌（经济回嵌社会、社会回嵌自然）提供了充分的空间，也为全球国家间再接触提供了国内基础。

第五节　新冠肺炎疫情：人类历史的重要分水岭

2020年庚子之年，注定是不平凡的一年。有人评论：仅仅2020年前几个月，我们就见证了1918年的西班牙大流感、1929年全球大萧条、1968年黑人大骚乱、2000年全球科技股泡沫、2008年国际金融危机……几个月等于一百年。人类历史正在压缩式前进。若干年后，我们谈论2020年这场疫情，很可能以"二战前、二战后"这样的称谓来区分前后两个时代——可能的称呼是"新冠前、新冠后"，甚至"20年前、20年后"，后疫情时代等。这场疫情很可能成为人类历史的重要分水岭。

笔者引用基辛格于2020年4月3日发表的一篇文章，来说明这场疫情可能的影响。他认为疫情很有可能永远改变世界秩序（见专栏3-1）。

96岁的基辛格，强调了全球化和政府这两个方面。

> **专栏 3-1　《冠状病毒大流行将永远改变世界秩序》**
>
> 作者：亨利·基辛格
>
> 美国东部时间 2020 年 4 月 3 日下午 6:30
>
> 　　而现在，在一个四分五裂的国家里，高效和高瞻远瞩的政府是克服规模和全球范围内前所未有的障碍所必需的……
>
> 　　"Covid-19"疫情结束后，许多国家的机构会被认为是失败的。这种判断在客观上是否公正，并不重要。现实是，冠状病毒之后，世界永远不会是原来的样子。现在再去争论过去，只会使必须做的事情变得更加困难……
>
> 　　领导人正主要在国家层面处理这场危机，但病毒对社会的破坏性影响是不分国界的。虽然对人类健康的攻击将……希望是暂时的，但它所引发的政治和经济动荡可能会持续几代人……
>
> 　　任何国家，甚至是美国，都不可能在纯粹的国家努力中战胜这种病毒。解决当下的需要，最终必须与全球合作的愿景和计划相结合。如果我们不能两者齐头并进，将面临各自最坏的结果。

　　全球化在基辛格眼里不是过去式，他劝告西方社会在面临全球化问题时不要做出逆全球化的行为，而是走向全球治理，去解决全球化问题。这隐含了基辛格对美国总统特朗普的劝告。

　　此外，基辛格认为疫情之下，需要一个高瞻远瞩的政府，很多国家在防控疫情方面被证明是失败的政府，提出："高效和高瞻远瞩的政府是克服规模和全球范围内前所未有的障碍所必需的。"

　　对全球化的劝告，特朗普不爱听；对强政府的强调，特朗普和全球政客们都爱听。下面也会谈到新冠肺炎疫情加快了全球集权化的步伐，使全球大巴比伦系统进一步完善、成熟。

如果我们再看缺乏全球治理的实际情况，带来疫情失控的基本事实，更加会认识到全球各个角落都在呼唤这样一个集权化体系。这会使得集权化趋势快速加剧。世卫总干事谭德塞宣布：新冠肺炎疫情大流行仍在加速，影响将持续数十年，连他都在呼唤一个全球领导（见专栏3-2）。

专栏3-2 《世卫总干事谭德塞：新冠肺炎疫情大流行仍在加速，影响将持续数十年》

2020年6月22日　澎湃新闻

世界卫生组织总干事谭德塞6月22日表示，新冠肺炎病毒大流行仍在加速，其影响将持续数十年。

据法国24小时电视台（France 24）22日报道，谭德塞当天在视频会议上表示，新冠肺炎病毒大流行仍在加速。"我们知道，这种流行病不仅仅是一场健康危机，它还是一场经济危机、社会危机，在许多国家甚至是一场政治危机。"谭德塞表示，新冠肺炎疫情的影响将持续数十年。

此外，谭德塞还称，世界面临的最大威胁不是病毒本身，而是"缺乏全球团结和全球领导"。

"在一个分裂的世界里，我们无法战胜这种流行病。"他说，疫情的政治化加剧了这一问题，在我们所有人都安全之前，没有人是安全的。据报道，世卫组织上周曾警告称，新冠肺炎病毒大流行进入了一个新的危险阶段。

对于新冠肺炎疫情，现在我们只是看到了冰山之一角。疫情被确诊和治疗的人数，只是大量未被确诊但已感染人群的冰山一角。随着万级、百万级、亿万级疫情的持续暴发，疫情逐渐在成为人类历史的分水岭。

实际上，除了基辛格之外，齐泽克、乔姆斯基以及当代一些顶级思想家和诸多德高望重人士，也都在做人类历史重大分水岭的阐述。本书择要列出15位思想家的评论（见专栏3-3）。

专栏3-3 《冠状病毒引发人类文明转型》之15位思想家评论

"冠状病毒是对资本主义'杀死比尔'式的重击，并可能导致共产主义的重现。"（伦敦大学政治哲学家齐泽克，2020年3月3日）

"不要期待事情会恢复正常，新冠肺炎疫情危机会持续下去……从批判的角度看，很难决定病毒对我们生命的破坏，以及我们在奇点的到来中失去个体性，这两者哪一个更糟糕，哪一个对人类的威胁更大。疫病的流行提醒我们，人类的存在仍然牢牢扎根于肉体本身，这意味着种种危险。"（齐泽克，2020年5月5日《今日俄罗斯-RT》）

"距离最后的午夜还剩100秒！核战争和全球变暖的威胁与日俱增，而唯一的解决之道民主却处于衰落之中，我们正面临着文明的危机。自全球疫情发生以来……一个特殊的时刻即将或已经到来，新自由主义的危机已经暴露无遗，历史将要自此改写，许多国家将要就此转型。"（乔姆斯基2020年3月28日接受DiEM 25 TV采访视频"Coronavirus—What is at Stake？"）

> 另有 12 位思想家的文稿标题如下。
>
> 1. 芬·沃尔特：一个开放、繁荣与自由皆倒退的世界
>
> 2. 罗宾·尼布雷特：经济全球化的终点
>
> 3. 马凯硕：更加以中国为中心的全球化
>
> 4. 约翰·伊肯伯里：民主国家将走出窠臼
>
> 5. 香农·奥尼尔：更低的利润，更多的稳定
>
> 6. 希夫山卡·梅农：新冠疫情对于未来全球共同应对危机将产生有益启示
>
> 7. 约瑟夫·奈：美国权力需要一种新战略
>
> 8. 约翰·艾伦：新冠疫情的历史将由胜利者书写
>
> 9. 劳里·加勒特：全球资本主义戏剧性的新阶段
>
> 10. 理查德·哈斯：更多的失败国家
>
> 11. 科里·舍克：美国未能通过这场领导力测试
>
> 12. 尼古拉斯·伯恩斯：在每个国家中，我们都见证了人性的力量
>
> （美国《外交杂志（*Foreign Policy*）》2020 年 3 月 20 日专访文集《12 位全球顶尖思想家预测：新冠疫情之后，世界秩序将何去何从？》

上述这些看待疫情的思想，可供我们参照。本书分析大疫作为分水岭的影响，可能有如下五个不同层次的类比角度。

1. "非典"前 vs "非典"后。类比中国的 2003 年"非典"，美国人的类比是"9·11"、珍珠港。这是一个对历史影响较低层次的判断，只对某些国家产生局部性的影响，只活在部分国家的

历史中，未能载入全球历史。从现在疫情影响程度看，应该说早已过了这一低程度的类比。

2. 全球化 vs 逆全球化。高歌猛进了30年的全球化，现在正走向去全球化、逆全球化。特朗普就任以来推行的各种政策，以及美国、日本等启动的居民回国、企业回国、再工业化等，正在终结前一阶段的全球化。本土化（或译为在地化）、本国化，是更为明显的趋势。全球化，正在转向全球本土化。疫情异象，从农业生产和食物供给到工业制造和能源自给，以及货币发行和金融投资，都将一步步走向本国化。脱钩带来的长远影响，不仅仅是就业、投资这样的直接影响，很可能终结一个时代，也开启另外一个时代。

3. 小政府（大社会强市场）vs 强政府（市场与社会工具化的各种组合）。第二次世界大战以来，现代化进程中的一个普世价值，就是西方自由民主政体的小政府、大社会和强市场组合。这一组合被写进教科书，成为许多追求自由主义的人士所认可的普世选择。但大疫之下，小政府明显左右掣肘，难以调动资源应对突发危机。基辛格都在呼唤一个强政府。近20年来，俄罗斯、中国、美国、巴西、日本、印度、土耳其等，都陆陆续续开始了不同程度的强政府努力，政治强人与强势政府正在成为国际潮流。疫情大大扫除了由小政府走向强政府的障碍，已经让整个西方世界的价值观产生了方向性的逆转，都在呼唤一个强政府。大部分发展中国家也在呼唤强人政治。国际上颇有争议的中国模式，反而成为一个强政府样板。但强政府的组合有多个版本，需要警惕的是，市场与社会是不是会成为强政府手中的工具，使得极权政府成为标配？疫情影响之下，人脸识别、手机位置、活动范围控制等很多技术手段，正在成为防控疫情的工具。比如像北京健康宝等各类健康码,将来会不会成为"666"的一个初始版本,这是我们需要警惕、观察和思考的。

4. 二战前 vs 二战后。这次疫情的影响程度,会不会相当于二战前和二战后?笔者认为,还很难做出一个清晰的判断。据估计,疫情对美国死亡人口和财富损失的影响,已经超过了一战和二战的总和,那是从绝对量上的简单比较。我们知道,20 世纪以来,人类物质财富积累的绝对量和人口总量,当然比一战、二战时期要大得多,仅凭物质财富和部分国家的人口损失,还不能判定这次疫情有二战那样的划时代意义。能否类比二战,取决于第三次世界大战是不是以某种形式爆发,以及类比 1929—1933 年那样的全球性大危机是否爆发,从而带来这样的全球历史影响。笔者认为,目前可以预期有类似的大危机和世界大战爆发的很大可能性。但我们还不能看到,也不愿看到这样生灵涂炭般的灾难在 2020 年降临。

5. 如工业革命前(中世纪)vs 工业革命后(文艺复兴后)。是不是像工业革命前后,或者文艺复兴前后,在这一点上恐怕更加不能做出一个清晰的判断。

至于是不是末后的时代,各位神归成员以及牧者们,想必都有自己独立的判断。

对笔者来说,这一段时间也有一个思考,就是看到了"非常态的常态化""极端情形的极端化"。

我们知道,疫情的到来是非常态的,在人类历史上也是极少次数的,而这次疫情更可能不同于以往。当今有了全球化,有了互联网以及各类技术手段,也更容易看到疫情传播的迅速蔓延,貌似强大的人类在小小病毒面前的无能为力,从而让骄傲的人类、骄傲的国家、骄傲的政府和人定胜天的各类技术手段,在小小病毒面前谦卑下来，更因小小病毒看到背后的"常态化"和"极端化"的危险趋势，以及可能的危中之机。

新冠肺炎疫情作为2020年最大的"黑天鹅"事件，无疑会对中国经济社会产生深远影响。在深入剖析全球化新趋势的基础上，本书将聚焦于中国，分析疫情对中国社会的影响。

2020年是全面建成小康社会和打赢脱贫攻坚战的收官之年，是"十三五"规划和"十四五"规划的承接之年，也是"乡村振兴"战略和农业农村现代化的深度落实之年，是承上启下的关键之年。庚子伊始，一场新冠肺炎疫情蔓延全国，给农业、农村经济和农民的生产生活造成了一定程度的影响。

首先，疫情带来的粮食抢购事件，导致局部地区粮食供求失衡，如果处置不当、拖延时间长，就会扩散为公共危机，进而恶化为影响全局的粮食安全危机。我们必须对消费者的粮食抢购行为予以重视。

其次，疫情导致农产品和畜禽等生产与消费困难、农旅行业停滞、外出务工受限，农民的农业收入和非农收入受损严重，使得2020年农民增收目标的实现存在着困难。而且，许多农户才刚实现脱贫，新冠肺炎疫情的冲击使许多贫困户面临"返贫"的风险剧增。因此，未来应将脱贫和防止返贫工作作为同等重要的任务来抓，稳固脱贫攻坚的成果。

再次，中国乡村曾多次承载危机并促进危机"软着陆"，在2020年新冠肺炎疫情中也不例外。在"硬核"防疫、阻断隔离和提供社会稳定压舱石、生活与就业蓄水池方面，乡村发挥了核心功能。乡村无接触经济的兴起，对促进城乡融合和以国内大循环为主体、国内国际双循环相互促进的新发展格局的形成具有重要意义，是未来的大势所趋。

最后，在应对新冠肺炎疫情中，国家治理能力和应急响应能力经受了全方位检验。应加强党的领导，健全多元化的应急管理体系，发挥地方政府自主决策权的积极性。

第四章　新冠肺炎疫情与粮食安全*

　　利用课题组在2020年新冠肺炎疫情期间收集的调查数据，探讨了早期生活经历对疫情期间人们粮食抢购行为的影响，提出粮食抢购行为的新解释——"饥荒经历说"。第一，饥荒经历对人们在突发事件下的粮食抢购行为有显著影响；第二，饥荒经历对抢购行为的影响主要集中在儿童期和青少年时期（8—18岁）遭受饥荒的群体身上，这可能与饥荒对该群体在生理和心理上的双重塑造所导致的较强预防性动机有关。在回答"为什么抢购""抢购什么""谁在抢购"问题上，"饥荒经历说"具有更强的解释力。此外，家庭抚养比的降低与个体对媒体信息真实准确程度感知的提高，有助于减少个体的粮食抢购行为。因此，为有效保障突发事件下的粮食供需平衡，须从整体层面对中国粮食相关信息进行宣传的同时，加强对部分特殊群体的关注；同时，增强对重大灾害经历长远影响的认识，并采取相关的政策措施、心理辅导等弱化相关极端事件的长期影响。

第一节　新冠肺炎疫情对中国粮食安全的挑战

　　近年来，中国贯彻"谷物基本自给、口粮绝对安全"的新粮

---

* 本章内容基于饥饿记忆与抢购囤积粮食行为问卷调查。

食安全观，持续深化农业供给侧结构性改革，粮食生产取得"十六连丰"的佳绩，三大主粮自给率保持在95%以上，就"谁来养活中国"这一问题向世界给出了一个负责的回答。

但随着新冠肺炎疫情的暴发，粮食安全问题再次引发广泛关注。国际食物政策研究所（IFPRI）的预测数据显示，2020年新冠肺炎疫情期间，中国的大米和小麦库存至少可以满足10—13个月的国内消费。同时，官方一直在呼吁粮食供应充足，无须抢购和囤粮，但是各大城市还是相继出现了食物价格上涨、消费者蜂拥抢购粮食等事件。[1] 这与国外消费者抢购纸巾、酒、奶茶等形成了鲜明的对比。相关研究显示，局部地区出现的恐慌性抢购会引起需求激增，导致局部地区粮食供求失衡，如果处置不当、拖延时间长，就会扩散为公共危机，进而恶化为影响全局的粮食安全危机。因此，必须对消费者的粮食抢购行为予以重视。

第二节 理解抢购行为的三个维度：why、what、who

已有关于突发事件下消费者抢购行为的研究，对"为什么抢购""抢购什么"的问题给我们以启示。

首先，对于"为什么抢购"的问题，已有研究从三个视角提出了解释：一是理性决策说，认为突发事件下抢购行为的本质是

---

[1] 如2020年4月2日新闻报道中湖北等地出现粮食抢购行为，黄冈、宜昌、鄂州等地监管部门纷纷发出公告告知公众切勿盲目跟风抢购。商务部在4月2日新闻发布会上也对"抢购粮食"现象做出回应。此外，国际上其他国家（如美国）也出现了抢购现象，具体见 https://mp.weixin.qq.com/s/TGagtn93VPSqnpU3t4pjXQ。

不确定条件下的个人决策问题。① 特沃斯基（Tversky）和卡尼曼（Kahneman）指出，个人以前景行为价值②最大化作为决策依据。突发事件中，私人信息、公开信息或政府辟谣以及个体接受信息的状态都会影响其心理预期价值的判断，进而影响其行为决策。二是冲动消费说，认为突发事件下抢购行为的本质是一种冲动性消费。③ 突发事件中，个体会在一系列诱导因素的作用下产生抢购的冲动，并经由干扰因素的加强而转化为实际抢购的行为。三是舆论传播说，认为突发事件下抢购行为的本质是一种舆论传播行为。④ 突发事件中，个人自身对事件的观点，以及在局部范围内按照一定规则进行观点交流，形成复杂的群体观点演化机制，导致群体抢购行为的产生。在突发事件影响因子较小的情况下，群体观点演化与社会个体的信任水平密切相关。

其次，关于"抢购什么"的问题，虽然现实中的抢购事件多种多样，如非典期间抢购板蓝根、甲流期间抢购大蒜等，从学术角度进行剖析的主要有 2003 年"非典"期间板蓝根、84 消毒液等的抢购、2011 年日本核泄漏事故引发的抢盐事件以及粮食抢购。其

---

① 参见 Tversky, A. and Kahneman, D., "Advances in Prospect Theory: Cumulative Representation of Uncertainty", *Journal of Risk and Uncertainty*, Vol. 5, No. 4, 1992, pp. 297 – 323。孙多勇《突发事件下个体抢购物品现象的经济学分析》，《经济与管理》2006 年第 11 期，第 28—31 页。王治莹、聂慧芳、杨学亮《考虑公众感知价值的突发性抢购事件演化博弈分析》，《中国管理科学》2020 年第 3 期，第 71—79 页。

② 前景行为价值通过人们在不确定条件下选择相对于某个参考点的得失变化的价值函数来衡量，与期望效应理论中的最终得失的期望效应值不同，关注的是相对于参考点的得失变化。

③ 参见 Lorenz, J., "Heterogeneous Bounds of Confidence: Meet, Discuss and Find Consensus!", *Complexity*, Vol. 15, No. 4, 2010。赵奕奕、寇纲、彭怡《突发事件下抢购行为的建模和分析》，中国企业运筹学第七届学术年会，2012 年。

④ 参见 Dholakia, U. M., "Temptation and Resistance: An Integrated Model of Consumption Impulse Formation and Enactment", *Psychology & Marketing*, Vol. 17, No. 11, 2000, pp. 955 – 982。谢立仁、陈俊美、张明亲《突发性抢购行为的影响因素研究》，《西安工业大学学报》2013 年第 7 期，第 572—576 页。

中，粮食抢购在突发事件中的发生尤为频繁。比如，2003年"非典"疫情期间，广州、北京、安徽阜阳、香港等地均刮起了粮食抢购风；2008年，冰雪冻灾引发了贵州、广西、湖南等20个省（区市）的粮食抢购，以及汶川地震引发了四川、陕西、甘肃的粮食抢购；2009年，猪流感引发了墨西哥的粮食抢购；2010年，地震引发了海地的粮食抢购等。但罗叶等的研究仅以四川省21个大中城市的823个消费者为研究样本[1]，存在明显的地域局限。

上述研究对我们理解新冠肺炎疫情期间中国消费者的粮食抢购行为有所助益，但仍存在不足。首先，关于"为什么抢购"这一问题的分析具有普适性，但却无法解释差异性。新冠肺炎疫情期间，与国外消费者不同，中国消费者更多的是抢购米、面等生存必需品。"为何中国消费者与其他国家消费者抢购商品品种存在差异"这一问题无法从已有研究中得到解释。其次，关于"抢购什么"这一问题的研究多局限于2011年核泄漏事故引发的抢盐事件，对抢购粮食的研究较少，仅有的研究存在明显的样本局限问题。最后，关于"谁在抢购"这一问题，已有研究并未将其作为重点予以关注，只是从性别、年龄、婚姻状况、文化程度、职业、收入等维度考虑，并将这些指标作为控制变量进行分析，难以有效划分群体的异质性。

考虑到粮食作为一种特殊消费品，集生存必需品、战略品、国家公共物品的社会属性以及准自然品、私人物品、准公共物品的经济属性于一身[2]，我们必须深刻挖掘粮食抢购事件背后深层

---

[1] 罗叶、鲜文铎、孙丽颖：《突发事件下粮食抢购的特征与影响因素分析——基于四川省21个大中城市消费者的问卷调查》，《中国农村经济》2011年第5期，第45—56页。

[2] 周立、潘素梅、董小瑜：《从"谁来养活中国"到"怎样养活中国"——粮食属性、AB模式与发展主义时代的食物主权》，《中国农业大学学报》（社会科学版）2012年第2期，第20—33页。

次的社会原因，以提出新的视角，弥补已有研究的不足。为此，本书拟从中华民族所特有的饥荒经历（即 1959—1961 年饥荒的经历）[①] 入手，剖析新冠肺炎疫情期间消费者抢购粮食行为，为粮食抢购提供新的解释——"饥荒经历说"。从民族视角、历史维度理解中国消费者行为背后的深层次原因，不仅有助于理解国别之间的差异性问题，更有助于我们为新时期国家粮食安全的保障提供有益启示。

专栏 4-1　1959—1961 年大饥荒

1959—1961 年大饥荒，也称为"三年经济困难时期"，是新中国成立以来面临的最严重的困难。根据灾情、受灾面积等资料数据可知，这三年的确发生了持续的严重自然灾害。据国家统计局、民政部编撰的《1949—1995 中国灾情报告》记载，1959 年全国出现了"受灾范围之大，在 1950 年代是前所未有的严重自然灾害"，受灾面积达 4463 万公顷，且集中在主要产粮区河南、山东、四川、安徽、

---

① 新中国成立前，历史上离我们较近的饥荒有三次，分别为：（1）明朝末年大饥荒（1638—1642 年），此次饥荒从陕西、山西暴发，而后蔓延至整个华北地区，甚至波及浙江、江西；（2）清朝的"丁卯奇荒"（1876—1879 年），遍布整个北方，其中直隶、山东、河南、陕西、山西受灾最为严重；（3）民国时期的"中原大饥荒"（1942 年），发生在河南。新中国成立后，距离我们最近的一次饥荒是 1959—1961 年大饥荒。之所以选择 1959—1961 年饥荒进行分析，原因如下：第一，就时间距离来看，此次饥荒是离我们最近的一次，相关统计资料与史料数据更为丰富，且能够接触到相关事件亲历者与知晓该事件的非亲历者；第二，就空间距离而言，1959—1961 年饥荒的影响范围波及全国，而新中国成立前的三次饥荒主要是波及北方地区；第三，就严重程度而言，1959—1961 年饥荒是以导致大规模死亡的严重饥饿为表征的，而非以经常性的饥饿、地区性的营养不良为特征。已有研究表明，1959—1961 年饥荒造成的非正常死亡人数在 1500 万—4000 万之间（蒋正华、李南，1986；蒋正华，1987；Yao，1999；Houser et al.，2007；曹树基，2005；陈硕，2011）。仅以死亡人口一项来看，此次饥荒的严重程度就不亚于前面的任何一次。

> 湖北、湖南、黑龙江等省区。1960年，灾情继续扩大，北方持续暴发特大旱灾。进入1961年后，大旱蔓延至黄河、淮河和整个长江流域，河北、山东、河南三个主要产粮区的小麦比上一年最低水平又减产50%。因此，初期将之称为"三年自然灾害"。
>
> 随着各类数据资料、档案资料的公开，各种决策错误带来的影响也逐渐得到重视，自然灾害不再被认为是1959—1961年大饥荒的主要成因，多种原因被纳入研究视野。许多研究重点将粮食作为决定国家经济兴衰的生命线和因果关系链的比较指数，用计量方法分析当时农村因灾减产、因决策错误减产、因高征购而减少粮食存量之间的比例状况。

第三节 粮食抢购的新解释：饥荒经历说

弗洛伊德指出，人类的行动依据来源于人们过去的经验记忆及知识积累，通过条件反射和学习形成信念，由此指导当前和未来的行动。① 换言之，早期生活经历会对个体生理健康、心理认知乃至行为决策产生潜移默化的影响。这一结论已在很多实证研究中得到证实。如马尔门迪尔和纳格尔的研究显示，灾难经历首先会导致个人生理、心理发生重大变化，经历过股票市场低迷的投资

---

① 奥·弗洛伊德：《弗洛伊德论创造力与无意识 艺术 文学 恋爱 宗教》，孙恺祥译，中国展望出版社1986年版。

者对股票盈利有着更低的预期,从而导致其风险承受能力更低。[①]布奇奥尔和扎里指出,自然灾害、失去亲人的经历则会显著影响投资者的风险偏好程度,对风险更加厌恶。[②] 个人偏好的变化会进一步影响其行为决策,比如灾难经历会影响公司 CEO 对公司政策的选择和执行。[③] 其中,有大萧条经历的公司首席执行官对债务的偏好更低,更依赖公司内部财务[④];有过服兵役经历的公司 CEO 更加倾向于追求较低的企业投资,其参与企业诈骗活动的概率也更低,同时在产业发展的衰退期会有更好的表现[⑤]。中国 1959—1961 年大饥荒作为人类历史上最为惨重的一次饥荒,其影响无疑是巨大的。聚焦 1959—1961 年大饥荒,学者们就其长期影响开展了一系列研究和探讨,主要体现在以下三个方面。

第一,饥荒带来的营养不良等问题会对个体后天的身高、智力发育、身体健康等生理方面造成影响。张颉等的研究发现,生命早期的饥荒经历可能对成年后血糖、血脂代谢产生影响。[⑥] 胎儿期暴露于饥荒会显著增加其成年之后患糖尿病的概率。[⑦] 同时,

---

[①] Malmendier, U., Nagel, S., "Depression Babies: Do Macroeconomic Experiences Affect Risk Taking?", *The Quarterly Journal of Economics*, Vol. 126, No. 1, 2011, pp. 373 - 416.

[②] Bucciol, A., Zarri, L., "The Shadow of the Past: Financial Risk Taking and Negative Life Events", *Journal of Economic Psychology*, Vol. 48, 2015, pp. 1 - 16.

[③] 参见 Cameron, L., Shah, M., "Risk-Taking Behavior in the Wake of Natural Disasters", *The Journal of Human Resources*, Vol. 50, No. 2, 2015, pp. 484 - 515。Cassar, A., Healy, A., von Kessler, C., "Trust, Risk, and Time Preferences after a Natural Disaster: Experimental Evidence from Thailand", *World Development*, Vol. 94, 2017, pp. 90 - 105。

[④] Graham, J. R., Narasimhan, K., "Corporate Survirval and Managerial Experiences during the Great Depression", 2004.

[⑤] Benmelech, E., Frydman, C., "Military CEOs", *Journal of Financial Economics*, Vol. 117, No. 1, 2015, pp. 43 - 59.

[⑥] 张颉、李远碧、李李、李秀川:《生命早期饥荒暴露对 50 岁成年人血脂、血糖水平的影响》,《蚌埠医学院学报》2014 年第 1 期,第 99—102 页。

[⑦] 刘玉花、陈青云、翟露、赵文飘、韦薇、戴霞:《胎儿期饥荒暴露对壮族居民成年后发生糖尿病的影响》,《广西医学》2019 年第 2 期,第 221—224 页。

生命早期经历饥荒对成年后骨质疏松也会有明显影响。① 陈玉宇和周黎安的研究表明，如果没有饥荒，1959 年出生队列的人会在成年后多长高 3.03 厘米，且饥荒进一步影响了他们成年之后的劳动供给和收入。② 马光荣的研究表明，在出生后 12 个月内的婴儿期经历的饥荒越严重，个体在成年时的健康状况越差，并且肥胖的概率越高。③

第二，饥荒的影响会延伸至心理层面，改变个人的心理预期和风险偏好。斯科特通过对东南亚小农的田野调查发现，出于对饥荒的恐惧，当地的小农并非按照经济理性追求利润的最大化，而是尽可能规避风险，将"安全第一"作为自己生产活动的中心。④ 汪险生、郭忠兴也发现有大饥荒经历的农户更加趋向于风险厌恶，不愿意冒险。⑤ 另一方面，饥荒还会改变当事人对未来的心理预期。曹树基发现，大饥荒的经历会明显提高经历者的预防性动机，相较于未经历大饥荒地区，经历过大饥荒地区的民间百姓和基层干部会更珍惜粮食，浮夸程度也更低。⑥

第三，饥荒经历会通过对个体生理和心理的不断塑造，进一步影响其行为决策。对于农民而言，生命早期的饥荒经历会减弱

---

① 陈江鹏、彭斌、阙萍、文小焱、胡珊：《生命早期饥荒对成年后骨质疏松的影响》，《中国骨质疏松杂志》2016 年第 4 期，第 492—496 页。

② Chen, Y., Zhou, L., "The Long-term Health and Economic Consequences of the 1959-1961 famine in China", *Journal of Health Economics*, Vol. 26, No. 4, 26, 2007, pp. 659-681.

③ 马光荣：《中国大饥荒对健康的长期影响：来自 CHARLS 和县级死亡率历史数据的证据》，《世界经济》2011 年第 4 期，第 104—123 页。

④ 程立显、[美]詹姆斯·斯科特：《农民的道义经济学：东南亚的反叛与生存》，刘建等译，译林出版社 2001 年版。

⑤ 汪险生、郭忠兴：《早年饥荒经历对农户土地退出行为的影响》，《南京农业大学学报》（社会科学版）2018 年第 3 期，第 103—112、155 页。

⑥ 曹树基：《1959—1961 年中国的人口死亡及其成因》，《中国人口科学》2005 年第 3 期，第 16—30、97 页。

农户土地出租的意愿,提高其农地调整的意愿①,使其在参加"新农保"时选择更高的缴费档次②。对于企业管理者而言,饥荒经历会使国有企业或国有控股企业的管理者倾向于采取更加保守的债务政策,更加偏好短期债务而非长期债务③,使其在企业慈善捐赠方面表现得更加积极④;而使民营企业的管理者倾向于承担更少的社会责任⑤。对其他个体而言,饥荒经历会增加女性群体选择提早退休的可能性⑥,提高居民的储蓄水平⑦等。

基于上述论述,研究遵循"饥荒经历—预防性动机—粮食抢购行为"这一逻辑线条,提出假说1:饥荒经历通过对消费者生理和心理的塑造,提高其预防性动机,从而影响其粮食抢购行为。

饥荒经历对个体行为的长期影响与个体经历饥荒时所处的年龄阶段有关。饥荒越发生在生命早期,个体受到的影响越大。如邓鑫等发现,1—6岁或7—17岁经历饥荒的个体更有可能减少租出土地,增加租入土地。⑧ 陈祁晖等发现,7—18岁经历饥荒的

---

① 洪炜杰、罗必良:《饥荒经历、地权偏好与农地调整》,《中国农村观察》2020年第2期,第100—116页。

② 阳义南、唐鸿鸣:《破解"新农保"象征性缴费陷阱——基于"大饥荒"经历的经验证据》,《科学决策》2018年第7期,第45—62页。

③ 赵民伟、晏艳阳:《管理者早期生活经历与公司投资决策》,《社会科学家》2016年第4期,第88—92页。

④ 王营、曹廷求:《CEO早年大饥荒经历影响企业慈善捐赠吗?》,《世界经济文汇》2017年第6期,第16—38页。

⑤ 卢新国、李书敏:《管理者童年"大饥荒"经历与企业社会责任》,《中国集体经济》2019年第11期,第48—51页。

⑥ 于丽、赫倩倩:《儿童早期的伤疤是否长期存在?——大饥荒对退休决策的影响研究》,《劳动经济研究》2017年第4期,第24—47页。

⑦ 程令国、张晔:《早年的饥荒经历影响了人们的储蓄行为吗?——对我国居民高储蓄率的一个新解释》,《经济研究》2011年第8期,第119—132页。

⑧ Deng, X., Xu, D., Zeng, M., Qi, Y., "Does Early-life Famine Experience Impact Rural Land Transfer?", *Evidence from China*, *Land Use Policy*, 2019, p.81.

个体更有可能在晚年采用单调的饮食结构，主要由低价的、自制的生存最需要的食物（主要是碳水化合物）构成。① 冯旭南和约翰逊（Feng and Johansson）发现，6—18岁经历饥荒的管理者与更保守的金融、投资和现金持有政策、更低的不道德行为可能性以及在经济衰退期间更好的公司业绩有关。② 于丽、赫倩倩基于2007年中国家庭收入调查数据库的研究指出，相比较于4—5岁的有大饥荒经历的儿童，0—3岁的儿童在大饥荒越严重的地区，平均教育程度越低，身高越矮。在保险选择方面，大饥荒经历不仅能显著提高参保人选择较高缴费档次的概率。这种影响还对不同年龄段人群产生了不同程度的队列效应，对幼儿组观测值的效应显著为正，且效应大于婴儿组与童年组。

基于以上论述，研究提出假说2：消费者在不同年龄阶段经历饥荒，对其粮食抢购行为的影响不同。

第四节　数据获取与实证模型

一　数据

研究动机源于课题组对中国1959—1961年大饥荒事件的长期关怀。课题发起人从2005年开始访谈饥荒事件亲历者，2015年开始组织团队进行口述史访谈。截至2019年年底，课题组案例库已遍布25个省（自治区、直辖市），包含415个访谈案例，累计超过70万字。在已有研究积累的基础上，笔者认为

---

① Chen, Q., Deng, T., Pei, C., Wang, C., "Memory of Famine-Does Childhood Experience of Severe Food Shortage Affect Food Choice in Old Age?", 2018 Annual Meeting, August 5–7, Washington, D. C. Agricultural and Applied Economics Association, 2018.

② Feng, X., Johansson, A. C., "Living through the Great Chinese Famine: Early-life Experiences and Managerial Decisions", *Journal of Corporate Finance*, Vol. 48, 2018, pp. 638–657.

2020年新冠肺炎疫情暴发后部分地区出现的粮食抢购行为可能与消费者的饥荒经历有关。为探究这一问题，本课题组于2020年4月开始设计问卷并展开调查。2020年4月17日至5月17日为问卷设计和预调研阶段，课题组在搜集相关资料的基础上设计问卷并将问卷通过网络发放，回收问卷和反馈意见，进而对问卷进行修改和完善。调查内容主要包括调查对象的个人及家庭信息、粮食购买和消费行为、对疫情与外部环境的感知、对中国1959—1961年大饥荒记忆与了解等方面。正式调研开始于5月20日，截至7月10日，采用招募调研员线下调研与线上调研相结合的方式，共获取问卷606份。其中，对于不会使用智能手机的老年人采用线下面对面访谈的方式，要求调研员在征求调研对象同意的基础上对访谈过程进行录音。数据收集结束后，课题组成员进行为期两周的数据核查工作，筛除关键变量信息错误、缺失且无法进一步核实相关信息的问卷，最终获得26个省份的有效问卷589份，其中四川、安徽、河南、山东等饥荒较为严重的省份，样本数量较多（见表4-1）。

表4-1　　　　　　　　样本地区分布

省份	样本量	占比（%）	省份	样本量	占比（%）
四川	115	19.49	湖南	10	1.69
安徽	68	11.53	辽宁	9	1.53
河南	55	9.32	浙江	8	1.36
贵州	54	9.15	甘肃	8	1.36
福建	40	6.78	湖北	7	1.19
广西	37	6.27	广东	6	1.02
北京	36	6.10	天津	6	1.02

续表

省份	样本量	占比（%）	省份	样本量	占比（%）
山东	31	5.25	陕西	6	1.02
山西	17	2.88	吉林	4	0.68
江苏	17	2.88	上海	3	0.51
江西	17	2.88	云南	3	0.51
黑龙江	14	2.37	内蒙古	3	0.51
河北	12	2.03	新疆	3	0.51

二 变量

研究的目的在于考察饥荒经历是否对疫情期间消费者的粮食抢购行为产生影响，因此以"疫情期间是否存在粮食抢购行为"作为被解释变量。表4-3的结果表明，新冠肺炎疫情期间，39.7%的受访者有粮食抢购的行为。

（一）核心解释变量

研究的核心解释变量包括：（1）大饥荒的代理变量。借鉴冯旭南和约翰逊，将超额死亡率视为大饥荒的代理变量，其定义为1960年的死亡率与大饥荒之前三年（1956—1958年）的平均死亡率之差，即 $EDR_p = DR_{1960} - (\sum_{1956}^{1958} DR_p)/3$。由图4-1可知，8个省份1960年的超额死亡率超过全国平均水平（14%），分别为安徽、四川、贵州、青海、甘肃、河南、湖南、广西，其超额死亡率分别为56.7%、38.1%、35.4%、29.8%、26.9%、26.8%、18.2%、17.3%。（2）出生队列。根据每个个体出生年份来计算其在饥荒时期的年龄，依据这一年龄将其划分为不同队列。本书参照陈祁晖等将样本划分为5组，各队列分组样本数量如表4-2所示，其中饥荒前、后出生的样本数量分别为365个、225个。

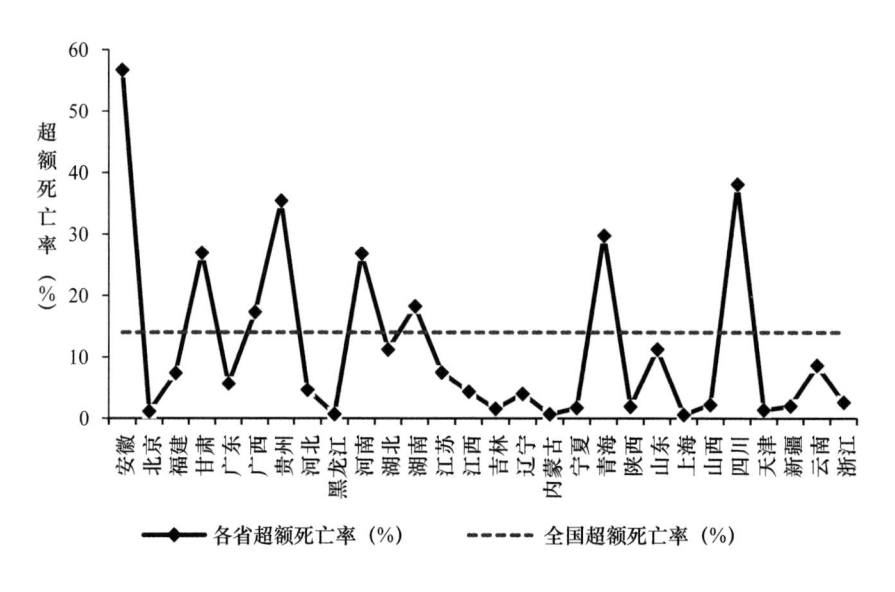

图 4-1　各省及全国超额死亡率（%）

数据来源：《全国各省、自治区、直辖市历史统计资料汇编 1949—1989》。

表 4-2　　　　　　　　　　　出生队列分组结果

队列分组	出生年份	年龄	生命周期
队列 1	[1962，-)	0	未出生
队列 2	[1958，1961]	[0，3]	婴儿期
队列 3	[1954，1957]	[4，7]	幼儿期
队列 4	[1943，1953]	[8，18]	儿童期与青少年期
队列 5	(-，1942]	(18，-)	成年期

（二）控制变量

为提高研究的准确性，本书参照已有研究，选取了消费者个人及家庭特征（包括性别、教育水平、月收入、家庭结构、储粮习惯）、消费者对疫情的感知（包括疫情传染性强、疫情威胁生命安全、疫情不容易控制）、媒体公信力（包括媒体信息真实准确、媒体信息客观公正、媒体信息反映群众关切）三大类变量作为控制变量。如表4-3所示，受访样本中，男性受访者占43.4%，受访者平均受教育水平为高中、中专、技校或职高，平均月收入为2000—5000元，家庭抚养比（即60岁以上及13岁以下的家庭人口占比）为33%，平均储存习惯为储存半年以内的米、面。受访者对疫情传染性强、疫情对人的生命健康造成威胁较为认同，而对于疫情控制的难易程度认同度稍低，对媒体公信力的感知也存在差异，平均认可度介于不确定与同意之间。

表4-3 变量描述性统计

变量	变量解释	均值	标准差	最小值	最大值	样本量
被解释变量						
是否抢购	1=是；0=否	0.397	0.490	0	1	590
核心解释变量						
是否出生在队列1		0.619	0.486	0	1	590
是否出生在队列2		0.063	0.243	0	1	590
是否出生在队列3	1=是；0=否	0.098	0.298	0	1	590
是否出生在队列4		0.178	0.383	0	1	590
是否出生在队列5		0.042	0.202	0	1	590
省份超额死亡率	%	23.52	18.23	0.567	56.70	590
控制变量						
性别	1男0女	0.434	0.496	0	1	590
教育水平	1=小学及以下；2=初中及在读；3=高中/中专/技校、职高及在读；4=大学本科/专科及在读；5=硕士及在读；6=博士、博士在读及以上	3.149	1.578	1	6	590

续表

变量	变量解释	均值	标准差	最小值	最大值	样本量
月收入	1 = 2000 元以下；2 = 2000—5000 元；3 = 5001—10000 元；4 = 10001—15000 元；5 = 15001—20000 元；6 = 20001 元以上	1.744	1.044	1	6	590
家庭结构	60 岁以上及 13 岁以下的家庭人口占比	0.330	0.279	0	1	590
储粮习惯	1 = 吃多少买多少；2 = 储存 6 个月以内米、面；3 = 储存 6—12 个月的米、面；4 = 储存一年以上的米、面	1.941	0.554	1	4	590
疫情传染性强	1 = 非常不同意；2 = 不同意；3 = 不确定；4 = 同意；5 = 非常同意	4.473	0.696	1	5	590
疫情威胁生命安全		4.458	0.714	1	5	590
疫情不容易控制		3.931	1.068	1	5	590
媒体信息真实准确		3.669	0.804	1	5	590
媒体信息客观公正		3.668	0.776	1	5	590
媒体信息反映群众关切		3.676	0.796	1	5	590

三 模型

本书探讨饥荒经历对个体在新冠肺炎疫情期间粮食抢购行为的影响，被解释变量为 0—1 二元变量，因此采用 Probit 模型进行实证估计。具体来说，本书遵循陈玉宇和周黎安的研究，使用不同队列和省份饥荒差异的影响来构建一个横截面双重差分（DID）估计量。基本模型如下。

$$PB_{icp} = \alpha + \sum_{c=2}^{5} \beta_c Cohort_{ic} + \gamma_p EDR_p + \sum_{c=2}^{5} \delta_c (Cohort_{ic} \times EDR_p) + \tau X_{icp} + \varepsilon_{icp} \quad （式 4-1）$$

i、c、p 分别代表消费者 i、年龄组（出生队列）c、省份 p；

PB 代表粮食抢购行为；$Cohort$ 代表出生队列的虚拟变量；EDR 代表饥荒期间的超额死亡率；交互项 $Cohort \times EDR$ 的系数 δ_c 代表饥荒经历对出生队列 c 的粮食抢购行为的影响；X 代表其他控制变量；α、β、γ、δ、τ 是待估计的系数；ε 代表随机误差。

在一般的 DID 估计中采用线性模型，交互项的系数即代表处理效应。但是，本书采用的是非线性的 Probit 模型，交互项的系数并不能代表处理效应，因此须估计交互项的边际系数进行分析。

第五节　实证分析

为探讨饥荒经历对抢购行为的影响，本书将饥荒后出生的队列（即队列1）作为对照组，则出生队列与死亡率交互项的系数衡量了饥荒经历对抢购行为的影响。表 4-4 与表 4-5 的第（1）列为基准模型，只加入了核心被解释变量；第（3）列模型中同时加入了核心解释变量和控制变量；第（2）（4）列分别是基于第（1）（3）列模型的边际效应估计。

一　验证假说 1

表 4-4 展示了只区分饥荒前、饥荒后出生两类情况下，饥荒经历对抢购行为的影响的估计结果。第（1）列交互项的系数表明，饥荒经历会显著影响个体在突发事件下的抢购行为。疫情期间，有过饥荒经历的消费者粮食抢购的可能性增加 0.005 个百分点，这一结果在 5% 的水平上显著，假说 1 得到证实。加入控制变量后，饥荒前出生队列与省份超额死亡率交互项的系数依然在 5% 的水平上显著，结果具有可靠性。

表4-4　　　　　　　　　Probit 回归模型结果1

	变量	(1)	(2)	(3)	(4)
核心解释变量	饥荒前出生队列	-0.608***	-0.222***	-0.727***	-0.256***
		(0.221)	(0.073)	(0.279)	(0.086)
	省份超额死亡率	-0.007*	-0.003*	-0.007*	-0.003*
		(0.003)	(0.001)	(0.004)	(0.001)
	饥荒前出生队列*省份超额死亡率	0.014**	0.005**	0.017**	0.006**
		(0.007)	(0.003)	(0.007)	(0.003)
个人及家庭特征	性别			-0.167	-0.062
				(0.109)	(0.040)
	教育			0.025	0.009
				(0.056)	(0.021)
	月收入			-0.015	-0.005
				(0.056)	(0.021)
	家庭抚养比			0.382	0.142
				(0.236)	(0.087)
	储粮习惯			0.087	0.033
				(0.099)	(0.037)
对疫情的感知	疫情传染性强			-0.081	-0.030
				(0.103)	(0.038)
	疫情威胁生命安全			0.052	0.019
				(0.098)	(0.037)
	疫情不容易控制			0.066	0.025
				(0.060)	(0.022)

续表

	变量	(1)	(2)	(3)	(4)
媒体公信力感知	媒体信息真实准确			-0.209*	-0.078**
				(0.108)	(0.040)
	媒体信息客观公正			0.260**	0.097**
				(0.114)	(0.042)
	媒体信息反映群众关切			-0.081	-0.030
				(0.083)	(0.031)
	常数	-0.030		-0.326	
		(0.095)		(0.548)	
	样本量	590	590	590	590

注：*** $p<0.01$，** $p<0.05$，* $p<0.1$。

表4-5　　Probit 回归模型结果2

	变量	(1)	(2)	(3)	(4)
核心解释变量	队列2	0.012	0.004	-0.072	-0.025
		(0.552)	(0.191)	(0.588)	(0.199)
	队列3	-0.570	-0.184	-0.656	-0.207*
		(0.399)	(0.119)	(0.434)	(0.123)
	队列4	-1.195***	-0.332***	-1.222***	-0.336***
		(0.349)	(0.059)	(0.389)	(0.068)
	队列5	0.483	0.165	0.255	0.087
		(0.605)	(0.197)	(0.660)	(0.223)
	省份超额死亡率	-0.007*	-0.002*	-0.007*	-0.002*
		(0.003)	(0.001)	(0.004)	(0.001)
	队列2*省份超额死亡率	-0.021	-0.007	-0.018	-0.007
		(0.016)	(0.006)	(0.017)	(0.006)
	队列3*省份超额死亡率	0.003	0.001	0.006	0.002
		(0.013)	(0.005)	(0.013)	(0.005)
	队列4*省份超额死亡率	0.043***	0.016***	0.045***	0.016***
		(0.011)	(0.004)	(0.011)	(0.004)
	队列5*省份超额死亡率	-0.037	-0.013	-0.031	-0.011
		(0.023)	(0.008)	(0.024)	(0.008)

续表

	变量	(1)	(2)	(3)	(4)
个人及家庭特征	性别			−0.181	−0.064
				(0.111)	(0.039)
	教育			0.052	0.019
				(0.057)	(0.020)
	月收入			−0.022	−0.008
				(0.057)	(0.020)
	家庭抚养比			0.404*	0.143*
				(0.241)	(0.085)
	储粮习惯			0.109	0.039
				(0.102)	(0.036)
对疫情的感知	疫情传染性强			−0.112	−0.040
				(0.106)	(0.037)
	疫情威胁生命安全			0.028	0.010
				(0.102)	(0.036)
	疫情不容易控制			0.057	0.020
				(0.062)	(0.022)
对媒体公信力的感知	媒体信息真实准确			−0.191*	−0.068*
				(0.110)	(0.039)
	媒体信息客观公正			0.243***	0.086***
				(0.117)	(0.041)
	媒体信息反映群众关切			−0.082	−0.029
				(0.085)	(0.030)
	样本量	590	590	590	590

注：*** $p<0.01$，** $p<0.05$，* $p<0.1$。

二 验证假说2

进一步将饥荒前出生队列细分为婴儿期（0—3岁）、幼儿期（4—7岁）、儿童期与青少年期（8—18岁）、成年期（18岁以上），回归结果见表4-5。有趣的是，将有过饥荒经历的消费者细分之后，只有在儿童期与青少年期经历饥荒会显著增加个体在疫情期间抢购粮食的可能性，并且这一结果在 1% 的水平上显著，假说 2 得到证实。加入控制变量后，队列 4 与死亡交互项的系数依然在 1% 的水平上显著，结果具有可靠性。饥荒经历对个体行为的影响与其经历饥荒的年龄有关，这一结论与 Chen 等的结论具有一致性。

  上述结果可能的解释是，相较于队列 2 和队列 3，首先，队列 4 在饥荒时期已具备较强的记忆能力，食物短缺带来的各种事件在其心理上留下了不可磨灭的印记。其次，队列 4 经历饥荒时正处于生长发育旺盛的时期，对食物的需求量较大，会更加强烈地感受到因食物短缺带来的生理上的不适。最后，在家庭食物分配中，出于传统道德等的束缚，婴幼儿（即队列 2 和队列 3）和老人往往会受到照顾，具有家庭内部的食物优先获取权。① 而饥荒经历对队列 4 和队列 5 的不同影响更多的是由于这两个年龄群体对事件的认知和判断。队列 5 在饥荒时期心智成熟，对事件有更加理性的判断，能够认识到饥荒发生的国内国际环境，以及政治、政策等方面的原因，因此在当今社会稳定的背景下，即使有新冠肺炎疫情这样的突发事件，这一群体也坚信党和国家有能力保障粮食安全，不会盲目参与到粮食抢购之中。队列 4 在经历饥荒时，更多的是对饥荒本身的感性认识，缺乏对饥荒背后深层次原因的理性认识。总之，在生理和心理的双重影响下，饥荒经历使队列 4 这一群体成年后在食物问题上具有更强的预防性动机，当面临新冠肺炎疫情导致粮食紧缺的潜在可能性时，这一群体更有可能参与到粮食抢购之中。

---

  ① 课题组口述史案例库中有许多将食物让与老人、婴幼儿的案例。张向持《1959—1961 年：信阳大饥荒沉思录》一书中也有类似案例，如"刘氏家族的故事"（第 209—218 页）。

对控制变量而言，家庭抚养比的提高会在5%的显著性水平下增加个体抢购粮食的可能性，其每增加一个百分点，个体抢购粮食的可能性增加0.143个标准差。个体对媒体信息真实准确的感知增加能够在5%的显著性水平下降低其抢购粮食的可能性，每提高一个百分点，个体抢购粮食的可能性下降0.068个标准差；对媒体信息客观公正的感知增加则会在5%的显著性水平下增加其抢购粮食的可能性，每提高一个百分点，个体抢购粮食的可能性提高0.086个标准差。

三 稳健性检验

DID识别策略的有效性与稳健性依赖于被解释变量的变动趋势在不同组别中不存在系统差异，即满足共同趋势（common trend）假设。表4-4的估计是基于出生队列与跨省份的横截面DID，依赖于共同趋势假设，即如果没有饥荒，不同地区和家庭的粮食抢购行为将遵循相同的趋势。然而，如果一些缺失变量导致各省在粮食抢购方面表现出不同的趋势，那么可能会得到与上述类似的结果。因此，借鉴邓鑫等和陈祁晖等研究结果，本书使用"安慰剂测试"（placebo test）来进行稳健性检验。基本思路为：如果各省个体的抢购行为差异是由缺失变量引起的，那么这些变量将在饥荒之后继续发挥作用。因此，如果仅使用饥荒后出生的子样本，将个体划分为不同的出生队列将会得到与上述相似的结果。据此，本书将大饥荒之后出生的子样本划分为五个新的队列：队列1为1997年及以后出生的，队列2为1988—1996年之间出生的，队列3为1979—1987年之间出生的，队列4为1971—1978年之间出生的；队列5为1962—1970年之间出生的。重复上述回归，结果如表4-6所示。队列与死亡率交互项的所有系数均不显著,即不存在统计学和计量经济学意义。因此,研究符合共同趋势假设,且抢购行为的差异并不是源于缺失变量,而是源于饥荒经历,可以说明饥荒经历对个体在疫情下的粮食抢购行为有着显著影响这一结果具有稳健性。

表 4-6　　　　　　　　稳健性检验结果

变量	(1)	(2)	(3)	(4)
队列 2	-0.219	-0.083	-0.292	-0.106
	(0.224)	(0.084)	(0.249)	(0.089)
队列 3	-0.011	-0.004	0.017	0.006
	(0.391)	(0.151)	(0.431)	(0.161)
队列 4	0.445	0.172	0.605	0.221*
	(0.329)	(0.123)	(0.382)	(0.131)
队列 5	-0.244	-0.092	-0.203	-0.074
	(0.370)	(0.137)	(0.392)	(0.142)
省份超额死亡率	-0.009	-0.003	-0.010*	-0.004*
	(0.006)	(0.002)	(0.006)	(0.002)
队列 2 * 省份超额死亡率	0.006	0.002	0.010	0.004
	(0.010)	(0.004)	(0.010)	(0.004)
队列 3 * 省份超额死亡率	0.004	0.002	0.005	0.002
	(0.012)	(0.004)	(0.012)	(0.004)
队列 4 * 省份超额死亡率	-0.007	-0.003	-0.006	-0.002
	(0.011)	(0.004)	(0.011)	(0.004)
队列 5 * 省份超额死亡率	-0.002	-0.001	-0.001	-0.000
	(0.013)	(0.005)	(0.013)	(0.005)
控制变量	是	是	是	是
常数	0.030		0.632	
	(0.162)		(0.756)	
样本量	365	365	365	365

注:*** $p<0.01$,** $p<0.05$,* $p<0.1$。

第六节 结论与政策启示

本书基于课题组收集的2020年新冠肺炎疫情调查数据，为粮食抢购行为提出新的解释——"饥荒经历说"。第一，中国1959—1961年大饥荒对幸存者留下了不可磨灭的印象和深远的影响，疫情期间个体的粮食抢购行为可从中得到解释。第二，大饥荒对个体粮食抢购行为的影响与个体遭受饥荒时所处的年龄阶段有关，只有在儿童期和青少年期（8—18岁）经历饥荒的个体，其粮食抢购行为才受到饥荒经历的显著影响。

进一步地，饥荒经历对突发事件下个体粮食抢购行为的影响与饥荒对不同年龄群体的生理和心理塑造密切相关。对于婴儿时期（0—3岁）和幼儿时期（4—7岁）遭遇饥荒的个体，由于记忆不深刻、食物需求量小、享有家庭内部食物优先获取权等，饥荒经历对其成年后在粮食消费这一行为上的影响并不显著；对于成年时期（18岁以上）遭遇饥荒的个体，由于对饥荒发生的国内国际环境以及其背后的政治、政策等方面有着较为理性的认知和判断，饥荒经历对其未来在粮食消费这一行为上的影响也不显著；对于儿童时期和青少年时期（8—18岁）遭受饥荒的个体，对饥荒在生理、心理上的深刻记忆，以及对事件的感性认识，使得饥荒经历对其成年后在粮食问题上具有较强的预防性心理动机，因此在面对新冠肺炎疫情等可能导致粮食短缺的突发事件时，其更容易参与到粮食抢购之中。

从理论角度说，相较于已有研究提出的理性决策说、冲动消费说、舆论传播说，饥荒经历说具有以下三点创新。第一，饥荒经历说对于回答"为什么抢购"这一问题提供了新的视角，曾经忍饥挨饿的经历提高了人们对于粮食消费的预防性动机。当突发事件可能威胁到粮食消费时，消费者更容易加入抢购队伍之中。第二，饥荒经历说对于"抢购什么"这一问题的解释力更强，能够更好地回答引言中提到的差异性问题，即疫情期间中国消费者抢购粮食，而外国消费者抢购纸巾、奶茶、酒水等。第三，饥荒经历说对于回答"谁在抢购"这一问题提供了补充，是有过饥荒经历，特别是在儿童期和青少年期经历过饥荒的那部分人，更容易在面临突发事件时加入抢购队伍之中。

从政策角度说，粮食安全不仅仅需要数量安全作为保障，也需要个体的理性消费作为配合。粮食总量供应充足的条件下，局部地区需求的不合理激增也会导致供需失衡，引起难以预料的后果。同时，重大灾难经历既是历史事实，更是社会事实。在客观还原历史真相的同时，我们更应该看到此类事件对整个社会群体记忆和心理上的重创，且这种影响会基于血缘、地缘等关系一代一代传承下去。因此，本书提出以下政策建议：第一，在突发事件下，既需要以大局为重，通过官方媒体在全国层面对中国粮食生产、储备等的基本信息进行普遍宣传，也需要对特殊群体加以关注，通过科层组织将关键信息逐级落实到特殊群体，减少恐慌性抢购行为及其可能引发的羊群效应的出现；第二，中国1959—1961年大饥荒对个体的生理和心理健康产生了长远影响，并进而影响其当前的行为选择，政府应当从灾害管理的角度出发，出台相关政策，弱化这一极端事件的长期影响。比如，对有此类经历的特殊群体进行适当的心理辅导等。同样，对于新冠肺炎疫情这一重大突发事件，不可避免地对有此经历的个体产生影响，因此也需要相关政策进行干预，以弱化其可能产生的长远影响。

第五章　新冠肺炎疫情、脱贫攻坚与乡村振兴[*]

西南山区是决战脱贫攻坚的重要战场。本书透过新冠肺炎疫情出现后，对西南山区P村的跟踪观察，深入剖析疫情对脱贫工作的真实影响。疫情不仅冲击了山区群众的基本生活，还折射出当地物资供应不畅、精神贫困加剧、社会观念落后、产业结构单一和治理能力薄弱等亟待解决的深层问题。在疫情防控常态化的背景下，西南山区的发展应立足长远，建立稳定脱贫的长效机制。建议：以新兴基建确保物质脱贫；以文化扶贫助力精神脱贫；以树立新风提升思想观念；以生态理念主导多元产业；以队伍建设增强治理能力。

2020年是脱贫攻坚决胜收官之年。但突如其来的新冠肺炎疫情，给脱贫攻坚带来现实挑战。对此，习近平总书记指出："努力克服疫情影响……必须尽早再动员、再部署……确保争取最后胜利；接续推进全面脱贫与乡村振兴有效衔接。脱贫摘帽不是终点，而是新生活、新奋斗的起点。"

---

[*] 本章内容基于西南山区案例分析。

第五章
新冠肺炎疫情、脱贫攻坚与乡村振兴

2020年1—6月,笔者团队对广西大石山区桂西北P村开展持续驻村观察,深入了解新冠肺炎疫情对西南山区脱贫攻坚的挑战,并与当地干部群众一同探讨对策。P村位于"滇黔桂石漠化片区"边缘,属于深度贫困区。当地交通闭塞、多民族混居,但生态资源丰富。全村总户数521户,总人口2291人。其中,建档立卡贫困户228户,共1061人,壮族和瑶族分别占比55%和45%。

调研发现,疫情对贫困山区扶贫工作的实际影响,呈现显著阶段性变化:从前期的严重冲击,转为常态化疫情防控中的深层问题暴露。本书意在探讨抗疫过程中折射出的西南山区发展困局,展开前瞻性思考,提出针对性建议。

第一节 新冠肺炎疫情对西南山区脱贫攻坚的现实挑战

一 管控市集,影响物资供应

市集是P村群众最重要的生活物资保障渠道。每隔四天,各村群众都聚到乡镇,购买必需品,办理日常业务。疫情发生之初,乡镇政府果断取消赶街,劝返摊贩和赶街的群众。但市集的实际运作很难完全停止。原因在于:其一,物流渠道少。多数群众无法从市集外及时得到生活物资和服务。需要指出的是,很多群众家中没有冰箱,无保鲜条件。当地更是缺乏快递生鲜食品服务。因此,肉类和果蔬必须经集市购买。其二,交通条件差。很多少数民族妇女、老人没有交通工具,只能选择在集日拼车上街采购。其三,生计压力大。P村一些背陇瑶族村民,常到山上采集野山药、找寻野蜂蜜,在赶街时上街贩卖获取收入。而P村的一些贫困户,文化水平较低,不会开车,很难自己联系商超渠道,因此,最主要的解决办法也是在赶街时销售产品。

二 滞留家中,增加烟酒开支

P村是少数民族聚居区,许多群众的生活习惯导致烟酒开销大。往年春节期间至少1000—2000元的烟酒消费,已是庞大的开销。而疫情从两个方面加剧了该类现象。第一,群众无法外出务工。据统计,2月20日前,P村没有群众外出务工。截至3月11日,P村外出务工人员总数不足200人,远低于往年350人左右的水平;6月底时全村约三分之一劳动力因打工工厂订单骤减(多为海外订单)而被迫失业返乡。第二,村委无法组织活动。晚会、球赛、歌圩等活动全部取消,群众对精神文化生活的需求被抑制。两者叠加,导致群众日常文化生活匮乏,只能通过烟酒消耗自己上年度攒下的"本钱",加剧家庭负担和返贫风险。

三 禁止聚会,挑战传统观念

红白事是山区社会生活中的大事。红事可待疫情过后再办,群众能勉强接受,但白事却刻不容缓。少数民族群众本就十分重视传统生死观,亲人有义务为逝者操办盛大葬礼。而且,白事对维系血缘、地缘关系有重要作用。在传统的背后,则是礼金带来的现实驱动。许多群众抱有"不吃亏"的想法,不会放弃把先前参加别家白事时随的礼"挣回来"的机会。参加白事的亲朋、邻里随的礼金钱一般在每人500元以上。一场500人参加的白事礼金可有7万—8万元,扣除掉办理酒席和丧事的成本,至少收入2万—3万元。在贫困山区,很少有家庭肯放弃这笔丰厚收入。

四 延期复工,影响医保缴纳

医保收缴一直以来都是 P 村扶贫工作的难点。少数民族群众缺乏卫生健康意识和现代保险观念,导致其普遍不愿缴纳医疗保险。许多群众的观点是:"我们家的人现在身体都很好,如果真的生了小病,就找村里的壮医、瑶医开草药,花不了几个钱;如果真得了肺炎重病,就不治了,那都是命!"每年上门动员缴纳城乡基本医疗保险,都是 P 村干部的工作难点。新冠肺炎疫情的暴发,进一步提升了工作难度。一方面,由于疫情的牵制和限制,"村两委"很难再像往年到农户家里端酒杯子、磨嘴皮子,把保费从群众的钱袋子里劝出来;另一方面,群众"缴费吃亏"的想法被疫情放大。以往很多人购买医疗保险,是为了预防外出务工时遭遇意外。但在疫情影响下,很多群众放弃了外出务工的计划,看法随之改变:"不外出就没什么机会得病,若再买医保,肯定亏。"

五 延期复课,加剧辍学隐患

疫情发生后,县里延迟了中小学校开学时间。受限于居住分散、通信信号差等因素,学校教师无法对学生进行有效网络授课和远程监管,于是春季学期成了超长假期。通过对 20 多位村中在校生的走访,发现其大都处于管教真空状态。"懒觉睡到自然醒""捧着手机玩一天""家长不管也不问"是普遍现象。值得注意的是,疫情引发的教学节奏和模式改变,让已被劝返的辍学生面临复辍风险。3 月中旬,在对 P 村 2019 年秋季学期劝返的 4 名 6—16 岁年龄段辍学生进行家访时发现,1 人已远赴广东打工(在 5 月,已由 P 村工作队专程接回),2 人明确表示不愿返校(在 5 月未到校,后由 P 村工作队劝返),还有 1 人更是外嫁已怀孕。虽然4月中旬和5月初当地初三和其余年级已分段复课，但经调研发现，实际未返校的各年级学生多达6人，全年控辍保学工作压力加大。

第二节 对脱贫攻坚和乡村振兴的影响

以上的多方面冲击，是疫情之下西南山区基层扶贫工作遭遇的典型场景。随着常态防控的启动，它们既成为脱贫攻坚的直接挑战，也是未来稳定脱贫、防止返贫、推进乡村振兴战略中亟待解决的深层次问题。

一 物资保障不畅

疫情凸显了贫困山区在交通、物流和信息化建设方面的短板。由于环境险恶和居住分散，山区基础建设尚未完成，而新一代技术，如人工智能、物联网等的建设和推广难度更大。因此，传统物资供应方式仍占据主导。一旦暂停交通往来和市集交流，就等于直接阻断当地生活必需品和日常服务的供应链条。即便在3月初逐步放开管制，物流系统依旧运行卡顿，群众的"菜篮子"中可供选择的空间仍然很小。可以说，山区群众的生活物资保障一日不稳定、不畅通，返贫的警报就无法消除。

二 精神贫困加剧

贫困山区群众的精神贫困问题十分突出，而疫情则把既有的"听天由命""只求温饱"等思想进一步放大。几天一次的赶街活动，是许多生活在大山深处的少数民族群众难得的交流机会，是大家重要的精神寄托。街市被取消，切断了群众难得的精神追求,而常态防控的"半隔离"状态,以及近期出现的外出务工难,让许多群众只能继续待在家中,用烟酒等打发时间,加剧精神困顿。同时,山区中义务教育系统的停滞或低效运行,让山区孩童厌学的心理更为普遍,家长、教师对此也无可奈何,这对"通过教育斩穷根"极为不利。

三　社会观念落后

贫困山区群众的社会观念亟待更新。中青年一代的受教育程度普遍偏低,思想保守,即使外出务工,也无法接纳和融入所在城市的主流文化。在疫情发生后,这些因循守旧的想法与现实中不可避免的调整,导致诸多治理困局。比如,大家很难接受对红白事、节庆等传统"规矩"做出的必要改变。另外,少数民族群众惯用"赚了"或"亏了"来盘算眼前事,很难看懂长远和根本利益,导致普遍不愿按时缴纳医保。多数群众对子女接受现代教育的意识淡薄,很多家庭还抱有重男轻女、重商轻学等落后思想。

四　产业模式单一

P村在疫情中面临的系统性挑战,与西南贫困山区产业结构单一紧密相关。山区群众的生计,依靠"两条拐棍"勉强支撑:中青年外出务工;老人、妇女则在家从事初级种养。这导致现有产业呈现以下特点:第一,收益低、链条短。经由政策帮扶,农户的收入能跨过贫困线,但由于农业产业链未能有效展开,群众很难靠单一种养发家致富。第二,销售难、风险高。当地缺乏农业社会化服务,农产品在成熟期必须尽快出售,否则极易腐坏变质(种植业),或持续推高成本(养殖业)。第三,农闲长、务工多。山区的农闲期普遍较长，因本地缺乏其他工作机会，中青年须外出务工才能保障家用。疫情发生后，农户单一种养的农产品外销难，劳动力外出务工难（从前期的"村难出"到近期的"厂难进"），多重因素叠加，直接减少了群众收入。

五 治理能力薄弱

疫情是对村庄治理能力的重大考验。它暴露出贫困山区乡村治理中基层干部队伍建设的短板。村干部必须具备大局观，善用土办法，还要有不怕得罪人的能力。然而，受限于收入福利、升迁发展等因素，基层的干部职位很难吸引到当地人才。因此，严格的防疫要求让现有的村干部们非常为难。其一，由于在村里经济地位和社会辈分偏低，许多村干部在开展群众工作时，往往缺乏话语权。其二，由于担心得罪群众，怕在日常生活中被孤立，或者在上级督查暗访时被"告黑状"，村干部们多会出现"不想干、不能干、不敢干"想法，直接降低乡村应对处置突发事件的能力。其三，在对接上级部门时，原有的政策部门化、部门利益化问题又重新出现，产生政策目标不清、定位不准、整合不力等问题，同时，形式化的表格呈报与指标化的考核任务，也占用了大量工作时间。

第三节 决胜脱贫攻坚，构建乡村振兴和稳定脱贫长效机制

疫情的冲击和随后的常态化防控，是对乡村现代治理体系和治理能力的大考。西南山区作为考题的重难点，一方面，应确保疫情防控和脱贫攻坚两手抓，两手都要硬；另一方面，应以前瞻

眼光，精准施策，加快建立一套有效、高效、长效的体制机制，为决胜脱贫攻坚，巩固扶贫成效，衔接乡村振兴，创造山区产业兴旺的发展空间，打下坚实的物质、精神和制度基础。

一 以新兴基建保障物质脱贫

合理统筹和引导新一轮基建投入，推进财政与金融系统联动，带动社会投资，积极向西南山区倾斜。一方面，加快补齐基础建设短板，提升当地交通、物流、教育、医疗等基建的现代化水平，确保项目建成后得到有效管理，让山区群众享受真切成果；另一方面，加快建立公共服务体系，优先发展改善群众生活质量、为乡村发展创造机会的项目。其一，建立基础环境治理项目，妥善解决山区的生活垃圾、废水和农业生产污染源等治理痛点，确保群众的基本卫生条件和环境质量。其二，构建可持续医疗保障体系，既要创新医保缴纳机制，也要防止部分地区出现的对贫困人口过度保障和过度医疗等问题。其三，投入新兴技术设施，如5G基站、人工智能、物联网等，为承接新型业态、实现产业脱贫和乡村产业兴旺提供前提。

二 以文化扶贫助力精神脱贫

脱贫长效机制应将贫困地区的精神文明建设放在突出位置。它旨在有效提升群众文化生活质量，激发群众内生发展动力。一是追加投入，特别是引导扶贫资金、转移支付专项资金，流向乡、村级文体类基建领域。二是下沉资源，推动文化资源向乡、村级转移，特别是将文化扶贫作为下一步解决相对贫困问题的重要内容，形成精准文化帮扶机制，压实文化帮扶责任。三是优化管理，构建村民治理与志愿服务体系，让文化投入积极影响当地生活。四是完善教育。一方面，革新支教制度，切实提高农村基层教师待遇，留住好老师；另一方面，让学生和家长都看到教育带来的实惠和希望，探索和创新"三点两线"（"家庭—学校—社会"和"家长—教师—学生"）教育模式在少数民族山村的实现方式，用优质教育斩断穷根。

三 以树立新风改变落后观念

辩证地看待山区群众的传统风俗和社会观念，把工作重点放在如何剔除其中不符合时代精神的糟粕上。第一，推广红白事从简理念，让祭奠先祖和传承文化的方式多样化、灵活化。第二，重视移风易俗教育，重视对青年一代的现代素质培养，在积极继承与弘扬民族文化的同时，形成积极向上的生活观念和习惯。第三，加强农村通信设施建设，让当地少数民族群众能便捷、及时、有效地掌握和理解外界信息。

四 以生态理念主导多元产业

稳定脱贫的长效机制，应建立在多元的产业结构基础之上。山区生态的脆弱性，决定了只有生态可持续，才有"造血"可持续。因此，须构筑以生态理念为主导的"三重融合"产业体系。

一是推进产业融合。要促进一产往二、三产扩展融合，通过延长产业链，优化供应链，提升价值链，形成"六次产业"，降低农业产业风险，拓宽和加固农户收益新渠道。积极发挥"引企入村"对本地资源的激活效应。鼓励龙头企业发挥带动作用，充分调动村内土地、劳动力、生态环境等优势生产要素，让农民变工人，实现家门口的稳定就业，打造生态特色品牌。

二是重视创新融合。在生态文明总体思路的引导下，推进产业融合提档升级。依托当地生态资源，借助"互联网+"等新业态，借鉴"生态银行""三变改革"等新经验，尝试投融资新机制，探索"生态资源价值化"新模式，实现"山水林田湖草"系统开发，与普惠式发展、集体经济建设的有机结合。

三是突出城乡融合。以生态农产品为基础，重视发展可持续农业和定制农业。利用互联网营销渠道，借助社区支持农业、巢状市场等农消对接新方式，形成以民族特色"土食材"为载体的替代性市场，开辟山区农户与城市消费者的利益联结新渠道，促进优质食物走出大山，持续供给城市家庭餐桌，也让城市的支农资金流向山区。

五 以队伍建设增强治理能力

稳定脱贫长效制度的完善，与基层治理能力的提升密不可分。而无论怎么加强外部人才支持，帮助总是有限的。因此，在西南山区打造"不走的扶贫工作队"，就要建立一支"懂农业、爱农村、爱农民"的本地干部队伍。其一，提高待遇。因时因地，研究绩效考评奖励机制；同时，开放优秀村干部晋升乡镇公务员的激励通道，让村干部职位重新吸引村里的强人、能人、贤人。其二，适度容错。当争议出现时，要考虑实际情况，结合多方观点综合判定，减少使用一票否决制，形成"大胆干事、带头办事、善于成事"的积极工作氛围，构建"比多作为"而非"比少犯错"的良性政治生态。其三，提效减压。做好政策、监管和日常工作的统筹，克服基层治理中出现政策碎片化、考核指标化、任务形式化等问题，优化工作效率，让干部真正开足马力，全心服务基层。

第六章　无接触经济兴起与城乡互助格局[*]

新冠肺炎疫情下，避免人际接触风险的城乡无接触经济也在新技术手段下悄然兴起，乡村的多功能性为无接触经济提供了土壤。无接触经济是中国在疫情防控时期经济创新发展的重要成果，是经济转型升级、加快科技成果应用的产物，也是疫情防控时期实现人民生产生活正常运转的重要保障。以无接触经济为代表的经济新业态、新模式逆势而起，将进一步促进改变中国城乡二元对立，带来城乡良性互助新趋势。

无接触经济的本质是数字经济，因人与物接触或人与人无面对面接触的远程交互而得名。作为数字经济的特殊形态，无接触经济是由新冠肺炎疫情外生冲击产生的突发巨量需求与业已存在的相关数字化产业供给相结合应运而生的经济现象，是数字产业化和产业数字化相互融合的一场深刻变革。自古以来，中国农业文明就有自给自足的基本特征。乡村因其多功能性和相对自给自足性，一直具有"小乱避城，大乱避乡"的本土化优势。在本次

---

[*] 本章内容主题为数字经济发展的乡村机遇。

第六章
无接触经济兴起与城乡互助格局

疫情期间,作为数字经济的一种表现形式,以农副产品线上销售为例,乡村无接触经济在城乡间发挥了重要作用。正如习近平总书记在陕西考察时,肯定了农产品线上销售的大有可为,以及数百位县长在各大短视频直播平台开展的"县长带货",在数字化和新基建的潮流下,乡村将成为应对疫情危机、发展无接触经济的有力阵地。

第一节 疫情加速了城乡无接触经济的推广

新冠肺炎疫情加速了远程—无交互技术在各个领域的应用与推广,"无接触经济"的概念应运而生。如果说2003年的"非典"使得中国电子商务爆发式增长,引领了全球商业潮流的话,那么此次以防控新冠肺炎疫情为契机,将再度催生无接触经济的新机遇,并引领未来全球的信息产业新浪潮。5G时代的"大云移物智"(即大数据、云计算、移动互联、物联网、人工智能)将改变无接触产业链生态,传统的运输模式和商业模式都将发生翻天覆地的革新。在产业信息化和人工智能基础上,无接触经济已显示出其无限潜力和广阔前景。

乡村能够提供人类生息繁衍的基本生存资料,也能够提供本土化的社会基础,在无接触经济的发展过程中,会进一步重塑城乡关系,带来城乡平等交换的良性互动。例如,疫情期间,广东提出的"保供稳价安心"线上平台,就成为乡村无接触经济的例证。为降低新冠肺炎疫情对农产品的影响,广东省农业农村厅联合农产品产业链上的各环节发起"保供稳价"倡议,依托数字经济,搭建"保供稳价安心"线上平台。一方面,线上洽谈会能够在短时间内完成农产品的货品收集、物流保障及接收方对接等关键问题；另一方面，通过每日"网红直播间"，实现供需双方线上商讨购销意向，减少了直接接触，解决了农民的农产品适销对路难题的同时，保障了城市居民的"菜篮子"安全。"保稳安"平台成功连接乡村农产品生产者与城市消费者，有效缓解了疫情期间农产品供需难题，在创新和升级无接触配送模式方面也做出了有益探索。2020年5月22日，李克强总理在十三届全国人大三次会议做政府工作报告时提及"打造数字经济的优势"。通过数字经济快速优化资源配置与资源再生，将催生乡村无接触经济的新业态。目前，人们已经可以看到乡村无接触经济业态的多种形式。例如，生鲜电商通过各大电商平台，实现了产销的无接触对接；在线观光旅游通过线上直播、农户在线讲解的形式，使观光者足不出户，就能一日领略祖国大地的和美乡村；智能物流通过广布全国的服务网点和配送链，实现了产品和服务的城乡无接触对接。数字经济与乡村发展相得益彰。一方面，无接触经济使城市消费者更加深入了解了乡村的魅力；另一方面，也进一步完善了乡村基建，促进城市要素向乡村的流入。

第二节　大疫止于乡野：乡村多功能性和本土化优势

封城隔离、封村隔离、居家隔离是中国在疫情阻击战中的法宝，也得到不少国家的认可与效仿。与城市居民相比较，封城封村对农村居民的日常基本生活不会造成太过严重影响，原因是乡村的农业基础为乡村居民提供了足够的生活必需品和生存空间。乡村作为中国安全的保险阀和化解危机的蓄水池，具有八大功能，使其能够发挥"小乱避城、大乱避乡"的本土化优势。乡村的多功能性，使得全球本土化和无接触经济，有了基础平台。

一是生态环境功能，在没有过多外力干预的情况下，几乎所有农村都是自给自足的生态自循环系统。这使得2020年春节期间半数人口能够留守乡村，至少降低了国家应对疫情一半以上的经济成本，对人口密集的大城市进行有针对性的防治。二是物种多样性功能，乡村的生态多样性，基本维持着社会和自然的和谐与稳定，并提供了各种物种和作物资源。三是民生保障功能，农民能够在疫情隔离期间足不出户，留守乡村，就能够获得基本生活保障。四是社会稳定与调节功能，乡村在过去多次危机中都发挥了稳定器和减压阀的功能，使得危机实现了"软着陆"。新冠肺炎疫情期间，乡村又发挥了这种社会稳定和调节功能，使得全社会有了基本的安全阀。五是国家安全功能，乡村的农业生产功能，保证了国家粮食安全、食品安全和食物主权，使得14亿多中国人的饭碗能够牢牢地端在自己手里。六是文化教育功能，乡村承载着农业文明的历史记忆，是人类教育不可缺少的重要部分，也是当前自然教育、亲子教育和实践教学的重要载体。七是康养休闲功能，能够满足人们对美好生活的需求，养老、养生、养病等休闲产业和康养场所主要设置在乡村。八是经济产业功能，乡村产业作为乡村经济的肌体，为乡村的正常运作发挥了基础性作用。通过乡村本地化生产、消费及交易体系的建立，乡村无接触经济发展的基础将更加牢固，乡村无接触经济将进一步促成城乡良性互动新业态的形成。

第三节　乡村无接触经济：城乡二元结构到城乡融合发展的催化剂

对立二元经济理论在西方背景下提出。城乡二元对立思维，带来了工业汲取农业,城市剥夺乡村,这样的二元对立成为横亘在中国发展道路上的巨大障碍。缺乏乡村滋养的城市,最终像是温室里的花朵,经不起风险社会的风吹雨打。21世纪头20年的中国,已由"乡土中国"转换为"城乡中国"。城乡人口各半的格局、农民收入日趋多元化以及城乡社会生活高度流动,成为城乡中国的三大特征。长期以来的汲取性制度安排,使得农村的产品、资金、劳动力持续不断地通过工农产品"剪刀差"、资金离农和机构离农,以及大规模进城务工等渠道,被单向抽取到城市。"乡村振兴"战略的实施,开始将城乡要素从单向抽取转为双向流动。疫情之下,国内相对过剩的投资在出清,投资相对不足的乡村领域将成为下一个朝阳领域。因此,老基建基础上的新基建和软基建,将会进一步扩大内需,打造中国新的经济增长点。乡村经济将成为蓝海市场,乡村无接触经济也将成为导流管。乡村无接触经济的新业态,能够最大限度上实现农民的在地化就业,借助新业态赋能于人,可以开辟农民的第三就业空间。例如,外卖、快递、专车司机及网红主播等,降低了对劳动者技能要求的就业门槛,改变了农村人口"离土又离乡"大规模流动格局。通过数字经济赋能,可以减少结构性失业和摩擦性失业。将乡村要素向城市的单向流动,转换为城乡要素双向流动的新格局,变城乡对立为城乡互助,变城乡零和博弈为正和博弈。疫情让我们更深刻地认识到乡村的价值,更加重视健康消费和点对点消费。广布城乡的终端及零服务消费,是后疫情时代城乡居民无接触消费的新模式,这更新了城乡二元关系,带来了城乡互助的良性互动。乡村振兴作为中国应对全球化挑战的压舱石,正在将乡村社会经济体系塑造成为以"无接触"为主、"接触"为辅的新业态,塑造数字经济发展的新范式，并通过促进国内城乡之间的内循环，实现生产要素的乡村回流，促进中国经济平衡发展。

第四节 乡村无接触经济是未来的大势所趋

作为一个外生的公共卫生危机事件，新冠肺炎疫情触发了无接触经济异军突起。从产业逻辑看，无接触经济并不是新生事物，作为数字经济的特殊形态，是由疫情外生冲击产生的突发巨量需求与业已存在的相关数字化产业供给相结合应运而生的经济现象，是数字产业化和产业数字化的产业变革。疫情过后，兼具数字经济和绿色发展内涵的乡村无接触经济将是大势所趋。

实现高质量的发展，是"十四五"发展规划的主旋律。在实现全面小康社会后，必须补齐高质量发展的最大短板，即农业农村领域的发展质量问题。乡村无接触经济将是大势所趋。在数字经济时代发展现代农业，不是仅仅将互联网用于农产品的推广销售，发展农产品的电子商务，而是在"互联网＋"的整体背景下，在农产品的种子选取、耕种规划、环境监测、种植和加工过程中融入大数据、物联网和云计算等先进技术，形成集生产、质量控制、包装、物流、营销和品牌建设等为一体的智慧农业体系，包括农作物的智慧种植、农产品的智慧加工、农业产业链的智慧延伸、农村生态环境和社区的智慧管理，改变中国农业落后、单一和粗放发展状况，鼓励和扶持数字产业与农业深度融合，切实提高中国农业现代化水平。

乡村无接触经济的发展基础是用户基础坚实、新基建提供新动能和数据要素高效配置。数字基建是新基建的核心，同时也是无接触经济的支撑。发展无接触经济，要在推动传统网络基础设施优化升级的同时，加快建设高速、移动、安全、泛在的数字基建，形成万物互联、人机交互、天地一体的网络支撑能力，让数字基础设施成为"先行官"，不断提升数字产业化、产业数字化水平，才能推动无接触经济高质量发展。

展望"十四五"发展规划，中国经济已由高速增长阶段转向高质量发展阶段，正处在转变发展方式、优化经济结构、转换增长动力的攻关期。乡村无接触经济与加快转变经济发展方式形成历史性交汇，把握数字化、网络化、智能化的发展机遇，摸索适合乡村经济升级的新技术、新业态、新模式，探寻农业经济的增长动能和发展路径，是整体推动经济发展从要素驱动向创新驱动转变，打造经济发展质量变革、效率变革、动力变革新引擎的重要途径。

第七章　重大突发公共卫生事件下央地应急响应策略

在应对新冠肺炎疫情中,国家应急响应能力经受了全方位检验。本书构建了重大突发公共卫生事件下政府应急管理策略的分析框架,遵循"突发事件—应急策略—事态变化—事件结果"的演化逻辑,对新冠肺炎疫情展开事件过程分析。研究发现,政府应急管理策略由府际关系的支配性要素决定,并通过模糊—冲突两个维度归纳出四种策略类型下的不同结果。最后,通过政府应急管理策略来总结中国抗疫决胜的成功经验,提出加强党的领导、健全多元化的应急管理体系、发挥地方政府自主决策权的积极性等相关政策建议。

第一节　新冠肺炎疫情"大考"的中国答卷

从2003年"非典"疫情防控到2020年的新冠肺炎疫情防控,中国应急管理体系在不断健全与完善。2020年年初,新冠肺炎疫情迅速席卷全国,同时也是新中国成立以来遇到的传播速度最快、感染范围最广、防控难度最大的重大突发公共卫生事件。疫情防控对于中国来说是一场"闭卷考试",但中国在全世界的疫情大考中取得了"高分",中央的正确决策部署对疫情防控起了决定性作用,然而地方政府的执行策略也值得我们进一步思考。

中国抗疫成果受到海内外的赞扬,中国的战"疫"经验值得世界上其他国家借鉴学习。那么,中国是怎么应对这次疫情的呢?在疫情防控的上令下达过程中,中央部署指令是清晰还是模糊,地方政府执行起来是容易还是困难,决定了应急管理的效果。因此,本书将以新冠肺炎疫情的应急管理策略为例,对重大突发公共卫生事件下政府应急管理策略展开研究,讲述新冠肺炎疫情抗疫决胜的中国故事。

第二节 理解新冠肺炎疫情应急的三个维度

围绕着"重大公共突发卫生事件下政府应急管理策略"这一核心问题,理解对于新冠肺炎疫情的应对策略,本书将从应急管理、公共事件与公共风险治理,政府角色、支配性要素与策略选择,新冠肺炎疫情对政府应急管理策略的挑战三个方面,分别对已有研究进行相关梳理。

一 应急管理、公共事件与公共风险治理

20世纪60年代末期起,应急管理成为组织理论的热点研究命题。[1] 由于急剧的社会变迁带来了环境的不确定性,应急管理成为应对公共事件的现代性风险[2][3]和现代化风险[4]的主要手段,

---

[1] Thomas E. Drabek, *Human System Responses to Disaster*, Human System Responses to Disaster.

[2] Gidden F., Shenkin A., "Laboratory Support of the Clinical Nutrition Service", *Clinical Chemistry and Laboratory Medicine*, Vol. 38, No. 8, 2000.

[3] Beck, Kent, Andres, Cynthia, "Extreme Programming Explained: Embrace Change", *Extreme Programming Explained: Embrace Change (2nd Edition)*, Addison-Wesley Professional, 2004.

[4] Koster, Donald, N., "The History of Violence in America", *American Quarterly*, 1970.

并随着经济社会的发展而进一步"机制化"。因此,应急管理作为公共事件暴发的响应机制,从根本上反映了人类环境治理及其可持续性失败的显露。①

具体而言表现为,突发事件根源于社会风险,社会风险导致公共危机,公共突发事件是社会风险与公共危机之间的潜在因果关系的显化。②钟开斌通过"非典"、甲流感、新冠肺炎疫情的案例比较研究发现,采取有效的应急管理策略能够有效控制公共危机事件的发展态势,减轻突发事件的后果。③

二 政府角色、支配性要素与策略选择

由于应急管理属于公共安全服务的范畴,因而政府往往作为公共服务的主要提供者承担着公共事件首要责任。④ 在突发公共事件中,政府的角色作为应急主导者、风险沟通者、资源协调者和创新促进者在突发公共事件的应急管理中发挥了重要作用。⑤ 在一般意义上,治理结构体现为国家、市场、社会三者的关系,治理结构对应急管理的潜在约束也就表现为国家、市场、社会三者在应急管理中的角色、功能和相互关系,即应急管理中政府机构、私人部门和社会组织(包括相对于政府而言的非政府组织与相对于企业而言

---

① Tierney, Kathleen, "Disaster Governance: Social, Political, and Economic Dimensions", *Annual Review of Environment & Resources*, Vol. 37, No. 1, 2012, pp. 341 – 363.

② 童星、张海波:《基于中国问题的灾害管理分析框架》,《中国社会科学》2010年第1期,第132—146、223—224页。

③ 钟开斌:《国家应急指挥体制的"变"与"不变"——基于"非典"、甲流感、新冠肺炎疫情的案例比较研究》,《行政法学研究》2020年第3期,第11—23页。

④ Louise, K., Comfort, et al., "Emergency Management Research and Practice in Public Administration: Emergence, Evolution, Expansion, and Future Directions", *Public Administration Review*: *PAR*, 2012.

⑤ 祝哲、彭宗超:《突发公共卫生事件中的政府角色厘定:挑战和对策》,《东南学术》2020年第2期,第11—17页。

的非营利组织)的角色、功能和相互关系。中国政府作为"强政府",在突发公共卫生事件中发挥决定性作用,但不能忽视市场机制和社会组织的作用。同时,政府内部存在科层逻辑管理架构,如突发事件应对法确立了"分级响应"制度,中央、省、市、县四级政府分别负责四个等级的应急管理。

政府内部不同部门在应急响应策略的选择上很大程度上取决于其内在府际关系逻辑背后的支配性要素。[1] 现有研究对突发公共事件触发政府应急管理存在两种理论解释。一是最为主流的焦点事件触发机制,由于媒介关注度和事件危害性触发了政府采取应急管理[2];二是政策窗口的触发机制,即在公共突发事件下,政治家通过公共事件促成了政府行为的发生[3]。此外,在突发公共卫生事件中的参与主体扩展,进一步使得应急管理策略的行动机制变得多元化。因此,构建中国情境下的政府应急管理策略的分析框架,分析相应策略背后的支配性要素,对于提升应急管理水平、促进危机治理现代化具有重要意义。

三 新冠肺炎疫情、政府应急管理策略与应急管理体系的挑战

"一案三制"的核心框架全面推动了中国应急管理体系的建设,但严峻的公共安全形势和变化的公共治理体系对应急管理提

---

[1] 童星、张海波:《基于中国问题的灾害管理分析框架》,《中国社会科学》2010年第1期,第132—146、223—224页。

[2] 钟开斌:《国家应急指挥体制的"变"与"不变"——基于"非典"、甲流感、新冠肺炎疫情的案例比较研究》,《行政法学研究》2020年第3期,第11—23页;Louise, K., Comfort, et al., "Emergency Management Research and Practice in Public Administration: Emergence, Evolution, Expansion, and Future Directions", *Public Administration Review*: PAR, 2012.

[3] 祝哲、彭宗超:《突发公共卫生事件中的政府角色厘定:挑战和对策》,《东南学术》2020年第2期,第11—17页。

出了新的挑战，主要体现为应急预案的实用性、突发事件应对法的操作性及应急管理机构的权威性三个方面。[①] 唐皇凤、吴瑞从整体性视角研究疫情治理后发现，虽然"党政主导、社会协同、公民参与"格局发挥了制度优势，但也反映了常态化管理体系不少问题，主要体现在上下级的联动性和平级之间的协同性上。[②]

公共卫生事件可以分为初始期、发展期、调整期、成熟期四个阶段，实现由应急管理到应急治理的转变，需要完善"上下联动，多向互动"的应急处置机制[③]，形成以"联防联控"和"专业防治"为主体的新发传染病应急响应体系，普遍建立健全新发传染病专项预案，推动新发传染病应急响应纵向与横向府际关系变革是完善应急管理体系的未来方向。[④]

综上所述，在应急管理体系、应急管理主体、应急管理策略与突发公共卫生事件等问题上，学界对这几者之间的关系也做了比较详细的研究。但是对于中国情境下，对政府的应急管理策略背后的支配性要素的研究较少。因此，有必要结合中国实际对此进行深入的研究，以提高政府应对重大突发公共卫生事件的应急管理能力。

第三节 "模糊—冲突"矩阵与模糊冲突性分析

一 "模糊—冲突"矩阵的引入

政府在应对疫情的每个阶段为什么采取不同的策略呢？笔者认为，

[①] 薛澜、张帆、武沐瑶：《国家治理体系与治理能力研究：回顾与前瞻》，《公共管理学报》2015年第3期，第1—12＋155页。

[②] 唐皇凤、吴瑞：《新冠肺炎疫情的整体性治理：现实考验与优化路径》，《湖北大学学报》（哲学社会科学版）2020年第3期，第1—13、172页。

[③] 曹舒、米乐平：《农村应对突发公共卫生事件的多重困境与优化治理——基于典型案例的分析》，《中国农村观察》2020年第3期，第2—15页。

[④] 陶鹏、童星：《新发传染病应急响应体系建设初探》，《学术研究》2020年第4期，第8—13页。

这才是问题的关键。知其然，也要知其所以然。本书基于对应急管理策略执行背后的支配性要素进行相关研究，目的就是要分析政府应急管理策略背后的逻辑及其驱动力。这里将引入马特兰（Matland）在1995年提出的"模糊—冲突"模型。① 马特兰主要是利用"模糊—冲突"模型来解释政策执行的过程，而政策执行方式背后起决定性作用的正是支配性要素。张海波、童星把政府将目标转化为现实作为绝对视角，将政府适应环境能力作为相对视角，并区分出现实能力与潜在能力，构建政府应急能力评估框架。② 鲁全从公共卫生应急管理中的多主体合作视角，划分出指令—执行、辅助—决策、创新—学习、统筹—合作及市场交易模式。③ 考虑到中国特定的情境，本书将政策的执行主要修正为应急管理策略的执行，且在具体的执行情境中对相关要素进行了适应性的修正，通过清晰（模糊）—冲突的二维坐标将政府采取的应急管理策略分为模糊性低—冲突性低、模糊性低—冲突性高、模糊性高—冲突性低和模糊性高—冲突性高四种类型，分别对应行政执行、政治执行、选择执行、象征执行四种执行方式（见专栏7-1）。

> **专栏7-1 马特兰模型的借鉴**
>
> 此处结合中国情境，引入马特兰在1995年提出的"模糊—冲突"矩阵模型，试图将其应用于中国抗疫的应急管理之中，从中央与地方的视角，分析重大公共卫生事件的应急管理执行策略背后的逻辑和支配性要素。

---

① Richard E. Matland, "Synthesizing the Implementation Literature: The Ambiguity-Conflict Model of Policy Implementation", Vol. 5, No. 2, 1995, pp. 145–174.

② 张海波、童星：《应急能力评估的理论框架》，《中国行政管理》2009年第4期，第33—37页。

③ 鲁全：《公共卫生应急管理中的多主体合作机制研究——以新冠肺炎疫情防控为例》，《学术研究》2020年第4期，第14—20页。

第七章 重大突发公共卫生事件下央地应急响应策略

表1　修正后的"清晰（模糊）—容易（困难）"模型

		指令清晰度	
		模糊	清晰
执行难度系数	困难	象征性执行	政治性执行
	容易	选择性执行	行政性执行

资料来源：根据马特兰模型修正。

二　疫情防控部署的模糊性和冲突性分析

将中国抗疫过程中的决策部署置于"模糊—冲突"模型分析框架中，就需要对其模糊性和冲突性进行分析。

（一）模糊性分析

1. 应急策略指令的目标模糊性分析

2020年1月7日，中央和湖北省政府都对疫情防控做出了要求，但从报道分析，其没有出现具体预警和对上报信息的内容、方式做出指示，要求存在一定的模糊性。所以，地方政府更多的时候会只选择对自己有利的消息上报，就会出现瞒报和缓报的问题。

中央提出复工复产的要求，但是也没有做出具体哪些地方开始复工复产、多大程度复工复产的要求，对于地方来说，模糊性是较高的，所以给了自己选择的空间。

2. 应急策略的手段模糊性分析

2020年1月22日，习近平总书记主持召开中央政治局常委会会议，明确要求湖北省实施全面严格管控[1]，其目标就是控制

---

[1] 根据2020年2月3日习近平总书记在中央政治局常委会会议研究对新型冠状病毒肺炎疫情工作时的讲话整理得到，http://www.gov.cn/xinwen/2020-02/15/content_5479271.htm。

整个湖北的人员流动，这样能够阻止疫情的进一步扩散，是抗疫至关重要的一步。可以看出，中央对湖北省抗疫的要求是比较清晰的，因此湖北各市防疫部署的模糊性是相对较低的，开始采取"封城"的措施来达到禁止人员流动的目的。但同时，中央对其他省市并没有做出类似于湖北省这样的明确指示，强调的是要做好疫情的严防严控，其模糊性相对较高，所以其他地方政府可以根据本地疫情的发展情况，自行决定管控的程度。

2020年2月8日，中共中央政治局委员、国务院副总理孙春兰率中央指导组贯彻落实习近平总书记重要指示精神，指导督导湖北省、武汉市刻不容缓依法采取果断措施，不折不扣落实"四类人员"分类集中管理措施，真正做到应收尽收、不漏一人。① 这对于湖北省和武汉市的要求是非常清晰的，紧接着就有刚调任的武汉市委书记王忠林强力部署"应收尽收"：把病人当亲人，成立专班保床位。②

（二）冲突性分析

1. 应急策略目标冲突性分析

地方政府前期瞒报、缓报信息与真实、及时上报信息之间存在着一定的冲突性。因为如果官员们真实、及时上报感染病毒的信息，他们可能会因此受到处分，从而影响到自己的政治生涯，所以普遍抱有侥幸心理，总想着能"无声无息"将感染事件处理好。

对于一个1000多万人口的超大城市来说，几乎无任何准备地"封城"，对于武汉市民来说也是一件非常突然的事情。正如武汉市

---

① 根据中国新闻网报道整理得到，http：//www.gov.cn/guowuyuan/2020-02/08/content_5476274.htm。

② 根据长江网报道整理得到，http：//www.cjrbapp.cjn.cn/p/160764.html。

长周先旺在接受央视新闻采访时说："封城是个艰难决定，疫情太突然。"① 所以，"封城"决定与人们正常生活工作具有极大的冲突性。

2. 应急策略手段的冲突性分析

对于"四类人员"要"应收尽收"的措施，其较大的冲突性在于包括医院、医护人员、医疗物资等资源的缺乏与感染和疑似病例人数太多，导致医疗系统陷入了供不应求的困境。②

复工复产③的要求对于地方来说冲突性不高，因为地方也需要恢复生产生活、恢复经济，否则许多民众的正常生活就会受到影响。所以，复工复产是既符合要求，也满足地方所需。

表 7-1　　　　　　　　　模糊性和冲突性分析

	模糊性	冲突性
预防阶段"做好疫情防控"指示	模糊性高：没对具体的预防内容做出要求	冲突性高：真实上报可能影响官员政治前程
响应阶段"封城"决定	模糊性低：离汉、入汉交通停运，市民不出武汉	冲突性高："封城"影响人们正常工作和生活
处置阶段"应收尽收"指示	模糊性低：要求对"四类人员"全部收治	冲突性低：地方政府也迫切希望控制住疫情
恢复阶段"复工复产"要求	模糊性高：没对复工复产地域和程度做出要求	冲突性低：复工复产有利于人们恢复正常生活

资料来源：借鉴孙玉栋、庞伟（《财政分权视角下市民化政策执行的类型研究——基于"模糊—冲突"模型》，《中国人民大学学报》2020 年第 2 期，第 48—57 页）整理。

从表 7-1 可见，在模糊—冲突的分析框架下，地方政府会采取象征性执行、政治性执行、选择性执行和行政性执行来执行中央部署的应急管理策略。

---

①　根据澎湃新闻整理得到，https：//www.thepaper.cn/newsDetail_forward_5651726。
②　根据《南方都市报》关于国新办发布会报道整理得到，https：//www.sohu.com/a/373418287_161795。
③　参照国务院印发的《关于切实加强疫情科学防控　有序做好企业复工复产工作通知》，http：//www.gov.cn/guowuyuan/2020-02/09/content_5476550.htm。

第四节　新冠肺炎疫情应急管理的逻辑

一　新冠肺炎疫情的代表性

观一隅窥全貌，实际上从每次经历的重大公共卫生事件中都能探得政府在应对危机时的应急管理策略背后的逻辑。"非典"与"新冠肺炎"是倒逼中国公共卫生系统改革的两个重大事件。但与"非典"推动了公共卫生体系重构相比较，"新冠肺炎"将推动公共卫生治理现代化和地方政府应急管理改革。同时，新冠肺炎疫情对世界产生的影响远超于包括"非典"在内的其他疫情，也远非一次公共卫生事件那么简单，更非简单地重创世界经济那么简单。许多学者认为，新冠肺炎疫情的影响不亚于冷战，甚至不亚于二战对世界局势的影响。虽然世界格局将如何变化还未可知，但可以确定的是将加速世界的变革，改变世界格局。中国应对新冠肺炎疫情的经验尤显重要，非常值得分析和推广。所以，基于案例的代表性原则，本书选取新冠肺炎疫情作为案例，研究政府的应急管理策略，总结抗疫决胜的中国经验。

二　疫情发展及央地应急管理策略

2020年年初，一场新冠肺炎疫情给武汉乃至全国造成了严重的影响。但仅仅一个多月，疫情就出现拐点，中国本土疫情得到控制。本书根据应急管理的预防、响应、处置、恢复四个阶段，选取政府在应对疫情过程中采取的策略作为四个嵌套案例展开对比，分析驱动策略背后的支配性要素，讲述抗疫决胜的中国故事。

专栏7-2 国家与地方层面的抗疫

疫情从被发现开始,到暴发再到盛行,最后到恢复的过程中,中央的决策和地方的执行都有其清晰的时间线。以下对抗疫期间央地的应急管理过程中比较重要的事件进行了梳理(见表1)。

表1 新冠肺炎疫情防控过程

时间	国家层面	地方层面
2019.12.27		湖北省中西医结合医院向江汉区疾控中心上报发现不明肺炎传染现象
2019.12.31	国家卫健委专家组抵达武汉,展开相应检测核实工作	武汉卫健委发布《关于我市肺炎疫情的情况通报》:多例肺炎病例与华南海鲜市场有关联,目前已发现27例病例,其中7例较严重,但"未发现人传人现象";其后一段时间也坚持未发现"人传人"现象的信息公布
2020.1.8	国家卫健委初步确认了新型冠状病毒为此次疫情的病原	武汉卫健委当日通报无新增
2020.1.12		武汉市对本次疫情实施日通报制度;仍未发现人传人和医务人员感染
2020.1.19	国家卫健委宣布开始下发试剂盒	武汉卫健委当日通报17例新增病例,部分病例无华南海鲜市场接触史;武汉市百步亭社区举办"万家宴"
2020.1.21	国家开展疫情应急科研攻关,钟南山任组长	武汉卫健委通报15例医护感染,黄冈通报4例医护感染
2020.1.23	交通部紧急发通知,全国暂停进入武汉道路水路客运发班	武汉自上午10时起"封城";同时火神山医院开建;后续雷神山医院、"方舱"医院等陆续开建
2020.1.24	上海、广东派出第一批医疗队赶赴武汉;后续累计29个省份和多支部队共52支医疗队6097名医护人员驰援武汉	

续表

时间	国家层面	地方层面
2020.2.2		火神山医院交付,湖北集中隔离所有疑似病例
2020.2.7	以"一省包一市"的方式,全力支持湖北省加强患者的救治工作	
2020.2.20	国务院发布免、减、缓三项举措助企业渡过难关	
2020.2.23	习近平总书记部署复工复产,并提出8点要求	
2020.3.20		武汉陆续开始复工复产
2020.4.8		武汉"解封"

资料来源:根据新闻报道整理。

三 疫情的四阶段与应急管理的四种执行方式

本书通过修正后的模型对整个抗疫过程中的事件措施进行了梳理和分类。可以看到,在疫情过程中,中央决策部署的指令存在着模糊性的高低之分,地方执行存在目标冲突性的高低之分,这就导致在不同的情形下地方政府的应急管理策略也不同。本书将策略执行的情境分为以下四种:低模糊—低冲突、低模糊—高冲突、高模糊—低冲突、高模糊—高冲突。

表7-2　　　　　应急响应措施类型及其支配性要素

策略类型	执行类型 (支配性要素)	典型举例
低模糊—低冲突	行政性执行 (党政一体的资源动员能力)	病患"应收尽收"
低模糊—高冲突	政治性执行 (中央的绝对权威性)	"封城"

续表

策略类型	执行类型 （支配性要素）	典型举例
高模糊—低冲突	选择性执行 （地方自主决策权）	企业复工复产
高模糊—高冲突	象征性执行 （疾控体系强弱）	初期瞒报、缓报

资料来源：根据 Matland 整理。

（一）预警阶段的象征性执行

突发公共卫生事件预防阶段的内容主要包括预案和预警在内的准备工作，是应急管理的重要先导，地方政府做好应急预案和预防对于应对突发公共卫生事件具有重要意义。[1]

根据专家组对早期病例的复盘，最早被记录的病例是2019年12月1日和2019年12月8日。通过复盘425例新冠病毒肺炎病例发现，自2019年12月中旬以来，病例密切接触者之间已经发生了"人传人"现象。[2] 该研究结论与此前武汉卫健委官方发布的消息有较大出入。整个疫情暴发前期，笔者经过时间和事件的梳理发现，武汉市至少错失了4次预警的机会。第一次是在2019年12月27日，湖北省中西医结合医院向江汉区疾控中心上报发现不明肺炎传染现象；第二次是在2019年12月31日，国家卫健委立马赴武汉进行调查，也迅速成立了疫情应对处置小组，当日武汉卫健委首次发布《关于当前我市肺炎疫情的情况通报》，"未发现明显人传人现象，未发现医务人员感染"；第三次是在2020年1月8日，国家卫健委专家确认新型冠状病毒为疫情病原；第四次是

---

[1] 方世荣、孙思雨：《公共卫生事件"前预警期"的地方政府应对权配置》，《云南社会科学》2020年第3期，第86—94、187—188页。

[2] 根据澎湃新闻整理得到，https：//www.thepaper.cn/newsDetail_forward_6173474。

2020年1月12日，武汉卫健委首次发布《关于新型冠状病毒感染的肺炎情况通报》，通报了累计病例、新增病例、治愈病例、死亡病例等信息，直至1月21日，均每日发布，通报体例及内容大同小异。在这四个时间点，武汉市政府完全可以进行疫情预警，提高市民们的防范意识，也就不会出现武汉百步亭社区在1月19日的时候继续举行"万家宴"[①]等这类聚集性事件。

预警机会的错失是由于传染病网络直报系统并未真正发挥作用导致的信息上报渠道不顺畅、应急预案不足导致的地方在遇到突发公共卫生事件时手足无措、行政问责机制模糊导致的地方政府对于疫情实时信息的一级瞒一级等。

小结1：象征性执行是指令模糊和目标模糊所导致的，其背后的支配性要素是联盟力量弱。在疫情初期体现为疾控系统能力较弱，因而在预警期间的信息公布和上报方面，武汉市政府采取的是一种"象征"执行的策略，即地方政府会采取"象征式"的方式来应付上级的部署和指示。

（二）响应阶段的政治性执行

重大公共卫生事件的应急响应阶段对于整个疫情至关重要，是战"疫"能够取得胜利至关重要的一环。而突发事件应对中的领导方式从"间接领导"转为"直接领导"[②]的政治执行是关键。

武汉市委的"封城"决议就是应急响应高效的典型案例。[③] 2020年1月20日，习近平总书记对新冠肺炎疫情做出重要指示，强调把

---

① 根据《新京报》整理得到，https://baijiahao.baidu.com/s? id = 1656314641511319734&wfr = spider&for = pc。
② 钟开斌：《国家应急指挥体制的"变"与"不变"——基于"非典"、甲流感、新冠肺炎疫情的案例比较研究》，《行政法学研究》2020年第3期，第11—23页。
③ 参见《钱江晚报》，https://baijiahao.baidu.com/s? id = 16564978536912597 75&wfr = spider&for = pc。

人民群众生命安全和身体健康放在第一位，坚决遏制疫情蔓延势头。2020年1月22日，湖北启动突发公共事件二级响应，武汉要求全市民众在公共场所佩戴口罩。基于武汉流动人口多、速度快，22日深夜，李兰娟院士建议立马对武汉进行"封城"。李兰娟院士认为绝不能拖到1月24日大年三十，不然疫情会大规模向全国扩散。中央听取了李兰娟院士的报告和建议，迅速讨论并做出了决策。

2020年1月23日凌晨00:00，武汉市新冠肺炎疫情防控指挥部发布通告，自1月23日10时起，武汉全市城市公交、地铁、轮渡、长途客运暂停运营；无特殊原因，市民不要离开武汉；机场、火车站离汉通道暂时关闭。对一个人口过千万的城市进行"封城"，禁止所有人员流动，站在地方政府的角度，事实上也确实很难做出决定。但是中央已经明确做出了决策部署，地方政府官员要"讲政治"，与党中央保持一致，维护党中央权威，所以必须坚决执行中央决定。同时，继武汉之后，全国许多地方开始采取"封城""封村""封社区"的措施。

小结2：政治性执行是指令清晰但目标冲突所导致的，其背后的支配性要素是政府权威。在中央的绝对权威下，政治执行控制了疫情扩散的速度和范围，使得病毒的传播没有走向不可控，为中国能够快速有效地控制疫情提供了可能。

（三）处置阶段的行政性执行

处置阶段是应急管理的关键一环，处置的方式和能力直接决定着抗疫的走向和成效。

疫情暴发最严重期间，感染人数以每日几千人的数量增加，最多的一天新增感染人数甚至超过10000人。[①] 地方政府陷入了

---

① 参考新华社每日公布新增感染人数通报整理得到。

医疗资源"供不应求"的困境，出现了许多感染病例去医院排不到号、住不了病房和疑似感染病例没有试剂检测不能确诊的情况。处于"超负荷"状态的地方医疗系统，收治不了如此多的病人，无法做到中央的"应收尽收"要求，只能采取部分收治和部分确诊的策略。于是有了中央通过行政命令的方式，调拨其他省的资源去支援湖北，同时制订了"一省包一市"的方案，以"全国一盘棋"的方式统筹全国抗疫。抗疫期间，中央先后组织各省区市和新疆建设兵团、军队等调派330多支医疗队、41600多名医护人员到湖北抗疫一线帮助抗疫。① 许多工程队奔赴湖北，约4万名建设者用10天左右的时间建成了火神山医院和雷神山医院，6天建成方舱医院，2天建成黄冈的"小汤山"医院等并投入使用，中国速度和中国力量让世界为之惊叹。② 在得到中央以及其他各省（市）的支援后，包括武汉在内的湖北其他各市的情况出现了明显的好转，能够忠实地执行中央"应收尽收"的要求。

小结3：行政性执行是指令清晰和目标低冲突所导致的，其背后的支配性要素是资源动员能力。党政一体的资源动员能力，促使了处置阶段行政性的顺从执行，比如采取了感染人员和疑似感染人员"应收尽收"的策略，使病患能够得到更好的治疗和照顾，有效地降低了感染死亡率和病毒传播速度。

（四）恢复阶段的选择性执行

重大疫情过后推进全面的复工复产，也是保障国计民生、维护社会稳定、打赢脱贫攻坚战的必然要求。

---

① 参照习近平总书记在统筹新冠肺炎疫情防控和经济社会发展工作部署会议上的讲话，http://cpc.people.com.cn/n1/2020/0223/c64094-31600380.html。

② 来源于新华网报道，http://www.xinhuanet.com/2020-04/21/c_1125882638.htm。

经过将近两个月的艰难抗疫,疫情开始出现好转。习近平总书记于2月23日在北京召开统筹推进新冠肺炎疫情防控和经济社会发展工作部署会议,要求企业开始有序地复工复产,并提出了八点要求。国务院也做出一系列决策部署,对进一步加强科学防疫和有序复工复产提出明确要求。各地方都积极响应,表示要加快本地企业复工复产。复工复产俨然成为一项新的政治任务。广东于2月24日率先将一级响应调整为二级响应,其他省份根据自己省内疫情的发展情况,将一级响应降为了二级响应,小区和村庄也开始解封,出台了一系列的政策措施来支持企业复工复产。但也要看到,很多地区开始逐步放开的同时,部分疫情发展风险还是较高的地区依然十分警惕不放松。比如湖北、北京、黑龙江等地,疫情风险还是较高,采取的措施也不同于其他疫情风险较低的省份。随着疫情的进一步好转,湖北等地疫情风险得到了有效的控制,也陆续开始复工复产。

小结4:选择性执行是指令模糊和目标的低冲突所导致的,其背后的支配性要素是地方的自主决策权。"因地施策"的选择性执行策略,既有助于防止"一刀切"带来的弊端,也有助于疫情防控期间的防疫措施执行和后疫情时期的复工复产恢复经济和复学复课。

第五节 结论与政策启示

一 结论

在应对重大公共卫生事件时的四个阶段,中央的部署存在模糊性的高低不同,地方的执行存在冲突性的高低不同。通常情况下,在模糊性低且冲突性低时,采取忠实执行的策略;模糊性低但冲突性高时，采取顺从执行的策略；模糊性高但冲突性低时，采取选择执行的策略；模糊性高且冲突性也高时，通常会采取象征执行的策略。

从整个抗疫过程来看，地方政府在应急管理的四个阶段，采取了四种应急管理执行策略，其本质就是策略背后的支配性要素是不同的。象征执行是因为应急管理体系内尚存在应急管理预案的不完善、预警机制的失效、信息上报渠道不顺畅和行政责任不清等问题；政治执行归根到底是党中央具有绝对权威和官员们要"讲政治"；行政执行的背后是党的全面领导下统筹调配资源的能力，还有中国强大的国力支撑；选择执行主要因为各地政府都具有一定的自主决策权，可以根据自己当地疫情发展的实际情况采取适宜的策略。

二 政策启示

（一）坚持和加强党的领导

党的坚强领导和统筹协调是抗疫决胜的关键。新冠肺炎疫情展示了中国共产党在这场抗疫中的"定海神针"作用，全方位彰显了党的强大领导力。坚持和加强党的全面领导，能够更好地在遇到重大突发事件时发挥制度和体制优势，做到"全国一盘棋"，勠力同心攻克难关。

（二）构建新时代的应急管理体系

破除一元管理格局，建立公众、社会与市场参与机制，完善风险预警机制，是构建现代化应急管理体系的客观要求。从根本上克服"重处置，轻预防"的弊病，注重风险管理，推动应急管理"关口前移"是新冠肺炎疫情防控的关键。从当前侧重对突发事件的管理到对事件和风险并重的管理，实现应急管理工作从事后被动型到事前主动型的积极转变。同时，进一步加强应急预案管理、疏通信息沟通机制、明晰行政问责机制等，做到在应对突发公共卫生事件时做到部署临危不乱、信息沟通顺畅和行政权责清晰。

(三) 发挥地方政府自主决策权的积极性

降低信息的不对称性是应对突发公共卫生事件的前提。考虑到公共卫生事件暴发地的实际情况，地方政府有做出符合实际情况决定的选择权。发挥地方政府自主决策的积极性，既有利于地方政府"因地施策"，防止出现"一刀切"的情况，又可以提高基层应对突发事件时的效率，避免延误防控的良机。

疫情期间，有为的政府、有效的市场、有力的社会这"三只手共舞"，使得中国平稳渡过这一场大危机，同时乡村的功能再次凸显。未来，全球本土化将成为新趋势，呼唤一个立足本国经济、相对自给自足的新的全球化模式和全球治理体系。后疫情时代，中国经济恢复与中国奇迹的不断创造，必然需要"三只手共舞"，同时重拾农业多功能性，描摹出"四生"农业的图景，对于带来乡村无接触经济和城乡互助新趋势，并可能以此引领基于全球本土化的全球治理新未来、启动国家间经济再接触的第三轮全球化浪潮具有重大意义。

第八章　三只手的舞蹈：政府有为、市场有效、社会有力

疫情期间，政府调配一切可能的资源，市场积极响应配合，社会主动且广泛参与，使得中国平稳渡过这场危机。在后疫情时代，中国经济的恢复，中国奇迹的不断创造，都离不开有为的政府、有效的市场、有力的社会这"三只手"共舞。

中国龙，在政府、市场、社会这三只手的强有力推动下，龙飞凤舞，成就了中国奇迹，也平稳渡过了中国危机。中国奇迹和危机的背后，是"三只手"的舞蹈。

第一节　政府：看得见的强手

中国龙有一只强悍的龙爪，即中国政府。在 1949—1978 年，共产党领导政府，领导全国，领导全国人民，用一只清晰可见的铁手，打破了一切旧秩序，革新了传统，重组了中国社会，重组了每个中国人的社会生活，甚至将触角伸到了每个人的灵魂深处。1978 年后，这只手的中央层次，曾有过 20 多年向地方层次的放权、向市场与民间的让利。但 1989 年后，又一次确立了其

强悍的存在。2012年后，更以王者归来的姿态，宣告了不可撼动的中央权威。放眼世界，中国政府是屈指可数的强悍政府，可以持续地重组社会，调配一切资源，影响每个人的行为，这是很多国家难以做到的。

第二节 市场：日渐强悍的看不见的手

1978年之前，若是提及市场的正面作用，需要冒很大风险：政府高官要被打倒，知识分子要被抓坐牢（如"五七干校"中的顾准），普通百姓要被"割资本主义尾巴"。1978年之后，市场的地位越来越被肯定。从羞答答的"计划经济为主、市场调节为辅"（1979），到"有计划的商品经济"（1984），再到"发挥市场配置资源的基础性作用"（1992），再到如今颇有市场霸权的"发挥决定性作用"（2013），中国这个代表性的社会主义国家在不被欧美承认"市场经济国家"地位的情况下，攻城略地地占领了欧美市场，甚至全球市场。如今，离开了"中国制造"，欧美人几乎过不成圣诞节，但他们却否认中国的市场经济地位，真是掩耳盗铃的当代版本。

实际上，市场作用在中国的逐步加强，从"猫论"的发展演进中也可以看出。第一代猫论，是1962年邓小平引用刘伯承常说的四川谚语："不管黄猫黑猫，只要捉住老鼠就是好猫"，为当时实行"三自一包、四大自由"，从三年困难时期中恢复过来起到了重要作用。当时的政策重新考虑了市场对于恢复经济的重要性。1985年，邓小平当选《时代周刊》年度人物时，此说已经变为"不管黑猫白猫，捉到老鼠就是好猫"，从实用主义角度明确了市场的作用。当前，中国则开启了第二代"猫论"的时代，比如又增加了两只"猫"：强调可持续发展的"绿猫"（绿色发展）和强调廉政建设的"玻璃猫"（透明发展），分别提出了从"黑色中国"向"绿色中国"转变、从"贪腐中国"向"廉洁中国"转变的思想。两代"猫论"，都意图让市场更好地发挥作用。

第三节　政府市场经济：政府和市场两只强手的组合

1987年邓小平提出影响深远的"两手抓，两手都要硬"时，指的是物质文明和精神文明一起抓。实际上，当代中国经济发展中更为明显和深刻的"两手抓，两手都要硬"，是强政府与强市场的联合。在中国政府用强有力的"看得见的手"重组要素市场和中国社会结构的同时，市场经济这只日渐强大的"看不见的手"进一步重组了产品市场和中国社会的主流价值观，使得市场的多元和合一，与中国政治、文化的多元与合一一起，在中国形成了强悍的组合。这两只手如果相互制衡以至对抗，就会演变出"国进民退""国退民进"的经济学口水大战。但两只手如果协调以至合谋，又会延伸出权贵资本、精英联盟、"赵家人"等政治经济担忧。

如何让这两只手既能相互制衡，又能相互协调呢？孙中山于1924年给出答案："节制资本，扶助农工"；毛泽东于1944年给出答案："为人民服务"；习近平于2014年给出答案："两只手都要用好，有机统一、相互补充、相互协调、相互促进……使市场在资源配置中起决定性作用，更好发挥政府作用"。如此看来，两者的制衡与协调关系如何摆正，已有清晰

第八章
三只手的舞蹈：政府有为、市场有效、社会有力

的阐述。当前要解决的问题要点，是如何实现两者的相互制衡与协调。

依据经济理论的经典范式，经济体系中最主要的一对关系是政府和市场的关系。关于这对关系，实际上已经有三种组合（见图8-1）：一是政府只扮演"守夜人"角色，崇尚市场自发秩序，排斥政府干预的自由市场经济；二是政府在公共物品和公共服务提供上发挥积极作用，并在社会公正、社会福利方面起补充作用的社会市场经济；三是政府和市场共同扮演主要角色的政府市场经济。其中，前两种组合来自欧美，后一种则颇具中国特色。

自由市场经济，意味着市场发挥着配置资源的基础性作用。从亚当·斯密开始，重视市场这只"看不见的手"的作用，并相信市场的自发秩序和市场的自动均衡效应，就是一个主流范式。从古典经济学到20世纪的新古典、新古典综合派，直到一整套以自由主义为核心的新自由主义经济学，一直坚持这一信条。这一支学科流派抛弃了最初政治经济学中的政治讨论，只谈论经济现象，宣称道德中立、价值中立。自由市场经济的主要实践者是英美国家，可以叫作盎格鲁—萨克逊资本主义体系，是市场经济的1.0版本。

社会市场经济，是认为社会不会被动地受市场机制摆布，市场作为一个复杂的巨系统，也不会自动实现平衡，存在"市场失灵"，所以市场本身的健康发展需要社会干预。政府这只"看得见的手"要积极发挥谋求公共福利的作用。正如《大转型》作者波兰尼依据社会事实所论证的市场经济与社会自我保护运动之间的"双重运动"（double movement）一样，不存在真正意义的自我调节市场，所以政府在劳工权益、社会公正、社会福利方面必

须发挥重要角色。社会市场经济的主要实践者是欧洲大陆，尤其是德国及北欧国家，可以叫作莱茵资本主义体系，是市场经济的2.0版本。

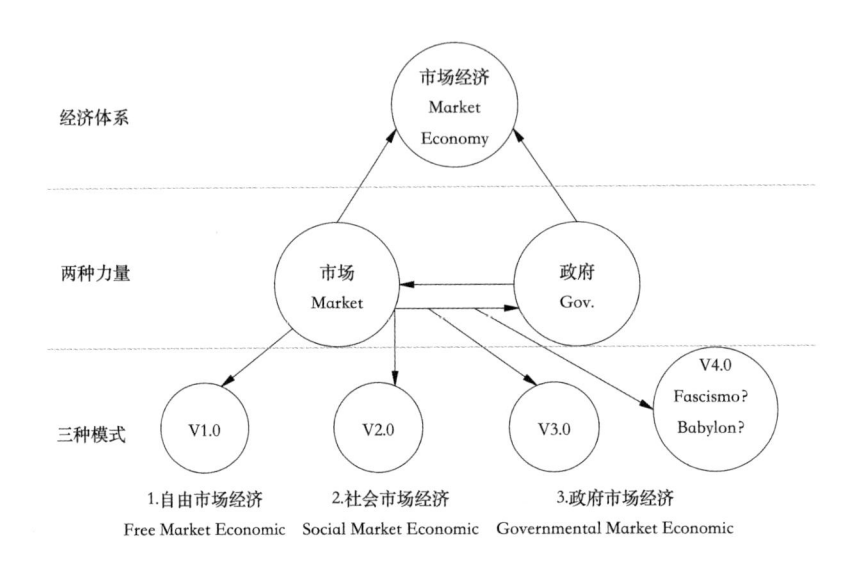

图 8-1　三种版本的市场经济及 V4.0 猜想

政府市场经济，主要是由政府，而非主要依靠市场发挥配置资源的主导性作用。在中国，配置资源的主导者是中央和地方政府。中国市场经济的开放，体现了许多"悖论"。其中，要素市场的政府主导和产品市场的市场主导双轨运行，是经典教科书无法解释的中国之谜。中国的主要生产要素及其资本化进程，基本掌握在政府的手中。中国30年市场化的基本做法就是逐步地、有条件地、分地域地、分要素类型地放开要素市场，从而使得资源不断地被政府推入资本化进程之中。在产品市场上，则率先放开，充分利用市场的自我调节机制。这种要素市场计划经济、产品市场市场经济，可能是政府市场经济的核心内涵。这种处于正在进行时的社会实践，可以视为中国特色市场经济的3.0版本。

第八章

三只手的舞蹈：政府有为、市场有效、社会有力

1978—1994年的中国分权化改革，出现了政府与政府资本在改制中的不断弱化，这符合自由市场经济的发展路径。1994年分税制改革，强化中央财政能力的努力，使得中国政府开始转型为典型的直接推进资源资本化的强政府。

强政府的标志，是资本利益内化的政府牢牢地把握要素市场的控制权，主导要素市场的资源资本化过程，并直接控制或运作税收（第一财政）、银行（第二财政）、国企与各类基金（第三财政）等，来获取各类财政收益，强化政府汲取能力。其中，政府主导并直接推进土地、资金和劳动力三大要素的资源资本化过程中，政府和市场两手抓，两手都很硬，是中国特色市场经济的集中体现，并符合政府公司主义的主要特征。

理想情况下，政府和市场两只强手相互补充，政府主要调配要素市场，市场主要调配产品市场，但如果政府和市场并非相互制衡和协调，而是相互勾结呢？则会出现第四种组合模式——法西斯式的市场经济（Fascismo），或者巴比伦式的市场经济（Babylon）。也就是说，当政府和市场、权力和资本结盟，政治精英和经济精英两大集团合谋时，他们会一起剥夺社会、剥夺大众。当结盟进一步内卷化后，剥夺对象甚至会扩及已被视为精英集团成员的中产阶层。在这种情况下，第四种市场经济的组合模式就会出现。具体到中国的语境，就是权贵资本主义和民主社会主义之间的抉择。当前中国经济性质的一大争论，就是是否走向了权贵资本主义？"赵家人"这一词汇，就是一个典型代表。若只有经过权力高层筛选过的"红二代"及其精英，才被认同为"赵家人"，那么20世纪90年代形成的政治、经济、文化三大经营集团的联盟就面临着瓦解和重新结盟。如果放任资本和权力进一步结盟，中国可能走上比较危险的法西斯式资本主义。与之同时，

也有一个强烈的呼唤,期待资本和权力为社会和人民服务,像孙中山和毛泽东所说的"扶助农工""为人民服务",则可能走上民主社会主义的道路。

"走入"与"走出"权贵资本主义,或"避开"与"走向"民主社会主义的关键问题,是处理好"嵌入"(embedment)和"脱嵌"(disembedment)的关系。受卡尔·波兰尼《大转型》的启发,我们提出一个社会比经济大、经济比金融大的相互嵌套的"嵌入"系统(见图8-2)。如果是金融比经济大、经济比社会大,就成为了一个"脱嵌"的系统。目前,世界上大多数国家,包括中国,正在出现"脱嵌"的状况,突出表现为金融脱离实体经济,并在主导资源配置;经济凌驾于社会之上,分化瓦解了社会自组织能力。比如,2008年国际金融衍生品的名义本金额是实体经济的14倍,泡沫破灭引发金融危机后,人们预期金融衍生品应该大幅度萎缩。实际上,仅仅场外交易(OTC)的衍生品市场名义本金额,2016年年中仍达到了实体经济的7倍多。长期以

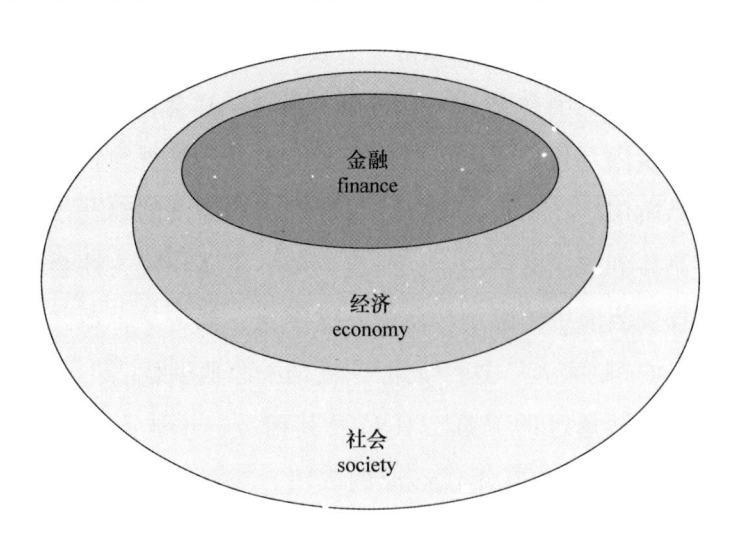

图8-2 "嵌入"的系统与"第三只手"的引入

来，经济至上的社会伦理带来了社会原子化。仅有政府和市场的视角，还远远不能解决市场经济自身的矛盾，我们需要考虑"第三只手"，即社会的作用。

第四节　社会：强有力的第三只手

实际上，比政府和市场范畴更大的，是人类社会。仿照前两只手的称谓，我们可以将社会比喻成"第三只手"，以在作用上和前两只手比较。实际上，社会可能不仅是一只手，更应该是机体。社会系统的内涵大于并包含了经济。社会系统是复杂的巨系统，包括了国家、地区、城市、公司、家庭、个人等各个层次。依照关系划分，社会是人类相互联系、互利合作，依照一定的行为规范、经济关系和社会制度结成的有机总体，是社会人及其经济关系、政治关系和文化关系构成的复杂系统。显然，社会系统大于并包含政府和市场。故此，"第三只手"实际上是包含了前两只手的身体。

社会这只手很重要。长期以来，人们只重视政府和市场这两只手的平衡调节作用，以为通过这两只手的一起舞蹈，就能跳出市场经济的和谐舞步。实际上，仅有这两只手，还是远远不够的。我们更需要第三只手——社会调节。更应该说，社会调节是支撑市场和政府这两只手舞蹈的身体。

疫情期间，社会这只手发挥了重要的作用，显示出健康和活力。一方面，广泛的社会参与，在成就中国奇迹的过程中发挥了极其重要的作用，这包括勤俭节约的文化、强烈的发展意愿、人口的结构变迁。仅仅乡土社会的松动，使得农民能够外出务工，就为中国工业化和城市化的持续推进提供了源源不断的廉价劳动力，带动了中国的长期发展。另一方面，广泛的社会参与，在渡过中国危机的过程中同样发挥了极其重要的作用，这包括社会各界的积极响应、"舍小家为大家"的无私奉献、全国人民的团结奋斗等。

中国已经有了政府和市场两只强手，加之社会第三只手的强大力量，构成了有两只强手且有一个强大身体的中国社会。在危机面前，社会具有强大的自觉性和自组织能力，是具有自我管理、自我服务的社会机体，这是中国和发达经济体的最大区别。

放眼疫情之外，以中国正在推动的扶贫攻坚战为例，我们可以猜想到这场社会运动中社会主动的可能结果。中国扶贫的功效举世瞩目，从1981年到2010年，中国的贫困人口由835百万减少到157百万，贫困人口减少678百万。同期全球贫困人口数量减少的93.3%来自中国。联合国发布的《千年发展目标2015年报告》显示，全球极端贫困人口已从1990年的19亿降至2015年的8.36亿，其中中国的贡献率超过70%。评论称全球在消除极端贫困领域所取得的成绩主要归功于中国。但即使如此，按照2015年以来执行的年人均纯收入2800元标准，2015年年底，中国仍有5575万贫困人口。这些贫困人口已经是贫中之贫、困中之困，所以需要精准扶贫，需要扶贫先扶智、真扶贫和扶真贫。过去，中国通过长时期的经济增长和普惠性的农业发展，已经大水漫灌般消除了90%以上的贫困人口。而剩下的贫困人口，则需要扶贫到村、到户，到具体产业的精确滴灌。但如果只通过自上而下的项目制扶贫，已经很难达到"六个精准"的要求。在贫困人口积极参与、主动接受的情况下，我们可以预期真正的脱贫效果。物理学中的测不准定理，也要求中国在发展理念中离开机械自然观和社会观，将社会视为活的机体，由机械、直线和刚性的扶贫措施转向发挥社会活力，采取由社会参与并主导决策过程的灵活、可塑和柔性的扶贫措施，以应对复杂多变的社会状况。

让社会调节发挥作用，就能和市场、政府这两只手一道，构成一个更为稳固的发展三角形，活化中国社会，复兴乡村文化，促进社会治理，增强发展的主体性和老百姓的获得感，从而走向政府、市场、社会协调平衡的发展状态。

第九章　乡村未来：全球本土化、农业多功能性与"四生"农业

全球本土化背景下，后疫情时代的乡村未来是一幅怎样的画卷？全球本土化呼唤一个立足本国经济、相对自给自足的新的全球化模式和全球治理体系。乡村无接触经济新业态，重拾农业多功能性，描摹出"四生"（即生命、生活、生产、生态）农业的图景，这将带来城乡互助新趋势，并可能引领基于全球本土化的全球治理新未来。以乡村无接触经济和全球本土化为基础，可能启动国家间经济再接触的第三轮全球化浪潮。

第一节　新冠肺炎疫情赋予"全球本土化"新的含义

面对全球疫情危机，没有一个国家可以独善其身，真正进行国家间无接触；也没有一个国家可以对疫情置之不理，任由国家间人员自由来往。事实上，在疫情全球蔓延却缺乏全球治理的基本事实下，每个国家只能立足本土实际，运用全球信息、技术和资源，找到有效办法渡过危机。"本土化"一改过去全球化浪潮中的配角角色，开始成为中心词，"全球化"只是定冠词。"全

球本土化"意味着在全球治理缺位和全球化危机蔓延的基本背景下，各国各地区主要结合本土化的有效治理体系，进行基于本土化的危机应对。这隐含着两个前提假设：其一，主权国家需要识别并采取符合本土条件的措施；其二，主权国家将全球信息、技术、资源引进国内，却须阻断全球危机向本国的传递链条。

如今，第二轮全球化正在遭遇毁灭性打击，全球本土化将成为应对危机的必然趋势。经过全球本土化时期，谁能促进国家间再接触，引领第三轮全球化浪潮，取决于谁先渡过疫情危机，并提供全球治理方案。中国在"和思维"下的和平发展道路，立足本土化的生态文明战略，以及同呼吸共患难的人类命运共同体主张，将会提供新的全球治理方案。中国率先渡过疫情危机，并将发挥人口规模、经济规模和产业分工地位的优势，很可能扮演起将第一层市场（发达国家）和第三层市场（近50亿人口的广大发展中国家）重新连接的二层市场作用，引领全球迈入生态文明时代。比如，面对疫情蔓延，91岁的生态学家小约翰·柯布在2020年5月5日接受采访时强调了"在地化生态文明"。他认为，经济从跨国经济转向国民经济和自给自足的地方经济，能够实现在地化的生态文明。中国的在地化生态文明图景将是大多数人生活在基本自给自足的美丽乡村，这也使得中国更加安全，具有更多独立性。

第二节 "四生"农业：对农业多功能性的一个简化

乡村无接触经济的发展，得益于农业的多功能性。农业至少具备八大功能，并因其多种功能而具有明显的外部性。

1. 生态环境功能。在没有过多外力干预的情况下，农业本身可以自我消化所有的废弃物，形成自我循环的系统，并帮助城市净化空气、污水、垃圾等废弃物，向其提供新鲜空气、清洁水源。实际上，世界上没有一个城市是自足的系统；而几乎所有的农村都是，或可以成为一个自给自足的系统。

2. 物种多样性功能。多样性是人类幸福的本源[①]，多样性更是自然界和人类社会和谐共生的基础。农业本身具有维系物种多样性、作物多样性的功能。

3. 农民生活、就业与社会保障功能。对于所有的发展中国家而言，农民的生活、就业以及社会保障主要依赖农业。若农业不能持续发展，会带来相应的社会和政治危机。

4. 社会稳定与社会调节功能。农村具有明显的社会危机缓冲器功能。新中国成立以来的历次社会危机，凡是可以转嫁给农村的，就有条件"软着陆"；凡是不能向农村转嫁的，就是"硬着陆"。这从"大跃进"、上山下乡等，都已经看出。农村对当前金融危机引发的就业危机、产品过剩危机，对高校扩招引发的大学生就业危机等的缓解作用，都是十分明显的。可以说，没有农业和农村的社会稳定与调节机制，不会有城市的社会稳定与经济发展。

5. 国家安全功能。农业还提供了国家公共物品。比如，粮食安全、食品安全、国家粮食主权和人民食物主权，是粮食的三大国家安全功能。而且，在所有的产品中，唯独粮食具有这三大国家安全功能。大宗农产品尤其是粮食，还经常在国家间作为战略工具使用。目前，粮食战争和货币战争、石油战争一同被并称为

---

① 法国哲学家罗素："须知参差多态，乃是幸福的本源。"

和平时期的三大战争,并在实际运用。农业还是地区性公共物品,比如说带来地区性生态环境改善、社会治安和稳定。边疆地区的农牧业还提供了独特的国防安全与生态屏障功能。农民实际上是"不带枪的士兵,不领饷的警察"。国可以一日无兵,却不可一日无粮。

6. 文化教育功能。每一个人类文明,无一不始于农业文明。人类文明的绝大部分时期,以农业作为承载。所以,以农业文明为主题的文化教育,不仅仅体现在浅层次的"分五谷、勤四体"的素质教育,还体现在国家、民族认同、基本社会认知等更深的层面。说得更深一些,当前普世性的有知识没文化、有知识没智慧的现象,已经带来人类集体的失忆、失语乃至失智,其中一个基础性原因,就是不知道文明的来历,许多基本秩序被颠倒。脱离了农业文明,人类不可能理解自己的文化与文明沿革。

7. 医疗休闲功能。欧洲早在十多年前就兴起了社会农业,主题是发挥农业的医疗功能。日本、美国等国家也都有了相应的农业自然疗法。在中国,发挥的主要是依托农业自然景观功能而带来的由身体到精神的旅游休闲、娱乐观光和医疗服务功能。

8. 经济产业功能。这是农业唯一被强调的功能,原因在于农业提供了具有竞争性和排他性消费属性的农产品。

农业多功能性构筑了乡土优势,但仅有经济功能被重视。农业由于具有以上八大功能,而只有经济产业这部分功能获得了价值支付。所以,可以认为农业向全社会提供了巨大的正外部性。如果一直单方面强调农业的经济产业功能,不仅会带来其他功能的剥蚀,更加会带来巨大的负外部性。比如,对于农业生态功能的忽视,导致目前中国农业面源污染占据了全部环境污染的一半。

对农业多功能性和外部性的梳理,也让我们认识到,农业一

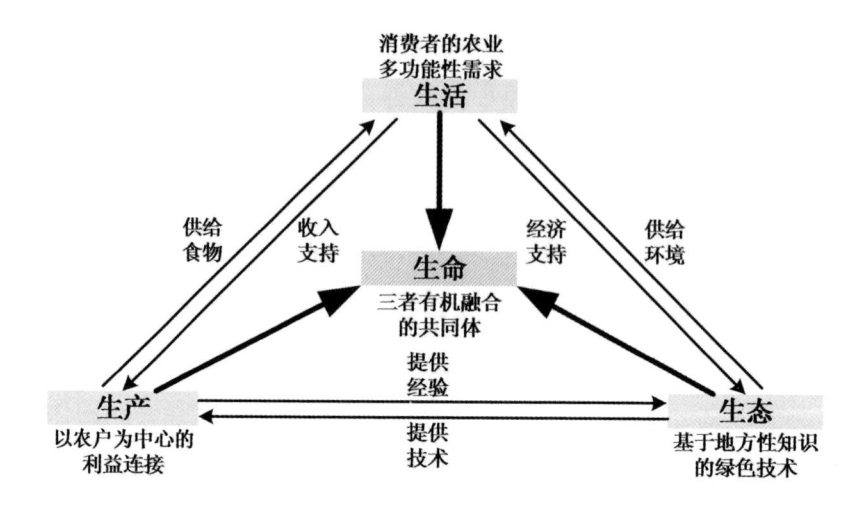

图 9-1 "四生"农业分析框架与生命共同体

注:"四生"农业包括了生产(土地来源、劳动力特性和利益连接机制);生活(组织方式、市场边界);生态(地方性知识、绿色技术形态保存与重构,及其对农业和社会环境的影响);生命(以生命影响生命,以生命滋养生命的生命共同体)的具体内涵。其中包括了四个维度的机制:以小农户为中心的利益连接机制设计;以消费者社区为边界的农业生活需求;以地方性知识为基础的绿色技术体系;以及由三者共同构建的有机生命共同体。

直以来没有得到合理的价格支付。如果按照全要素价值来计算农产品价格,我们对农产品支付的价格应当包括生态价格、物种多样性价格、农民就业与社会保障价格、社会调节价格、国家安全价格、文化传承与教育价格、医疗价格以及经济产出价格,至少有8个。但是目前我们拒绝支付除经济价格之外的七大价格。农业部有关专家测算过,中国对粮食所支付的价格,只相当于粮食应有资源价格的六分之一。他们的计算框架里,并没有考虑农业的全部功能,只是加入了生态环境和物种多功能性而已,但已经凸显了对农产品价格支付的极不合理。

而且,这种极不合理不可能通过市场机制解决,反而会不断恶化。原因在于，市场机制根本无法解决外部性问题，更加不能解决远远比经济因素复杂和重要的政治、社会、文化、生态环境问题。退一步讲，即使仅就经济层面考虑，我们也需要认识到，农业提供了如此众多的功能，却没有获得起码的合理价值支付。由此，也会认识到，农业无法站在和二、三产业同等公平的竞争位置上。

第三节 疫情危机凸显乡土优势的重要性

一 自古以来，农业文明就有其自给自足的基本特征

乡村的多功能性和相对自给自足性，一直具有"小乱避城，大乱避乡"的本土化优势。疫情让我们更深刻地认识到乡村的价值，也更加重视健康消费和点对点消费。广布城乡的终端及零服务消费，是后疫情时代城乡居民无接触消费的新模式。这更新了城乡二元关系，带来了城乡互助的良性互动。"乡村振兴"作为中国应对全球化挑战的压舱石，正在将乡村社会经济体系塑造成为以"无接触"为主、"接触"为辅的新业态，塑造数字经济发展的新范式。同时，通过促进国内城乡之间的内循环，实现生产要素的乡村回流，减少全球化危机的外部冲击，推动全球本土化进程的实现。

二 新冠肺炎疫情考验了当前乡村组织的治理水平和应急防控能力

乡村干部采用多种方式，在短期内有效阻击了疫情向农村基层社会的进一步扩散。在全球本土化的新潮流下，乡村将成为应对疫情危机、发展无接触经济的大本营。面对当下危机，生态文

明战略转型是中国应对的方案与出路,将资本杠杆投到沉没成本最深厚的乡村,形成六产融合的多元化新业态,由此产生机会收益空间,再以空间生态资源立体开发推进城乡融合形成投资和内需,从而创造化解危机的条件。作为数字经济的一种表现形式,无接触经济大体可以划分为四种形态:第一类是"物理"不接触经济,即是在物理上杜绝接触,或者说消除这种接触产生的服务形态,如硬核封村、封路、阻断人流,发展无接触物流。第二类,线下向线上转移的不接触经济,如习近平总书记在陕西考察时,肯定了农产品线上销售的大有可为,以及数百位县长在各大短视频直播平台开展了"县长带货"。第三类,业务流程数字化的不接触经济,如新基建、产业智能、产业数字化,它们也在疫情防控中发挥了巨大作用,并被认为是会产生长久价值的领域。第四类,原生线上服务,如VR技术等线上虚拟现实体验。

三 数字经济的外部性,催生乡村无接触经济的新业态

李克强总理在十三届全国人大三次会议的政府工作报告中,提及打造数字经济的优势,通过数字经济快速优化资源配置与再生,将催生乡村无接触经济的新业态。目前已可以看到乡村无接触经济业态的多种形式,例如,生鲜电商通过各大电商平台,实现产销的无接触对接;在线观光旅游通过线上直播、农户在线讲解的形式,使观光者足不出户,就能一日领略祖国大地的和美乡村;智能物流通过广布全国的服务网点和配送链,实现产品和服务的城乡无接触对接。数字经济与乡村发展相得益彰,一方面,无接触经济使城市消费者更加深入了解乡村的魅力;另一方面,也进一步完善乡村基建,促进城市要素向乡村的流入。

四　疫情加速了城乡无接触经济的推广

新冠肺炎疫情加速了远程—无交互技术在各个领域的应用与推广，"无接触经济"的概念应运而生。如第三章和第六章所述，在产业信息化和人工智能基础上，无接触经济已显示出其无限潜力和广阔前景。提供人类生息繁衍基本生存资料，并提供本土化社会基础的乡村，在无接触经济发展过程中，会进一步重塑城乡关系，带来城乡平等交换的良性互动。

第四节　城乡互助新趋势和全球治理新未来

在第三章我们讨论了大疫止于乡野，乡村具有多功能性和本土化优势。乡村的多功能性，使得全球本土化和无接触经济，有了基础平台。通过乡村在地化生产、消费及交易体系的建立，乡村无接触经济将进一步促成城乡良性互动的新业态形成。

一　"六稳""六保"的基础，来源于乡村的本土化优势

"六稳"（稳就业、稳金融、稳外贸、稳外资、稳投资、稳预期）、"六保"（保居民就业、保基本民生、保市场主体、保粮食能源安全、保产业链供应链稳定、保基层运转）工作的实现基础，就在于乡村多种功能的发挥。例如广东提出的"保供稳价安心"线上平台，就成为乡村无接触经济的例证。为降低新冠肺炎疫情对农产品的影响，广东省农业农村厅联合农产品产业链上的各环节发起"保供稳价"倡议，依托数字经济，搭建"保供稳价安心"线上平台。一方面，线上洽谈会能够在短时间内完成农产品的货品收集、物流保障及接收方对接等关键问题；另一方面，

通过每日"网红直播间"等对接活动,实现供需双方线上商讨购销意向,减少了直接接触,解决了农民农产品适销对路难题的同时,保障了城市居民的"菜篮子"安全。"保稳安"平台成功连接乡村农产品生产者与城市消费者,有效缓解了疫情期间农产品供需难题,在创新和升级无接触配送模式做出了有益探索。

二 乡村无接触经济将推动城乡二元对立转向互助

二元经济理论在西方背景下提出。城乡二元对立思维,带来了工业汲取农业,城市剥夺乡村,加剧了舒尔茨改造传统农业命题下的二元对立。缺乏乡村滋养的城市,最终像是温室里的花朵,经不起风险社会的风吹雨打。城乡中国时代的到来,已将乡村要素向城市的单向流动,转换为城乡要素双向流动的新格局,变城乡对立为城乡互助,变城乡零和博弈为正和博弈。

展望全球化和乡村未来,第三轮全球化将伴随第二轮全球化危机的爆发而开启,全球本土化呼唤一个立足本国经济、相对自给自足的新的全球化模式和全球治理体系。乡村无接触经济新业态,将带来城乡互助新趋势,并可能引领基于全球本土化的全球治理新未来。以乡村无接触经济和全球本土化为基础,可能启动国家间经济再接触的第三轮全球化浪潮。

参考文献

一 中文

哈贝马斯:《合法化危机》,刘北成、曹卫东译,上海人民出版社2020年版。

贾根良:《国内大循环:经济发展新战略与政策选择》,中国人民大学出版社2020年版。

罗德里克:《全球化的悖论》,廖丽华译,中国人民大学出版社2011年版。

罗兰·罗伯逊:《全球化:社会理论和全球文化》,梁光言译,上海人民出版社2000年版。

习近平:《开放共创繁荣,创新引领未来——在博鳌亚洲论坛2018年年会开幕式上的主旨演讲》,《创新时代》2018年第5期。

曹树基:《1959—1961年中国的人口死亡及其成因》,《中国人口科学》2005年第1期。

陈继勇、杨格:《新冠肺炎疫情与中美经贸关系重塑》,《华南师范大学学报》(社会科学版)2020年第5期。

陈伟光、郭晴:《逆全球化机理分析与新型全球化及其治理重塑》，《南开学报》（哲学社会科学版）2017年第5期。

程令国、张晔：《早年的饥荒经历影响了人们的储蓄行为吗？——对我国居民高储蓄率的一个新解释》，《经济研究》2011年第8期。

程新斌、王静姝、唐啸：《国家能力与非传统安全——基于新冠肺炎疫情的再思考》，《政治学研究》2020年第4期。

刁大明、王丽：《中美关系中的"脱钩"：概念、影响与前景》，《太平洋学报》2020年第7期。

傅梦孜：《新冠疫情冲击下全球化的未来》，《现代国际关系》2020年第5期。

傅梦孜、付宇：《对当前中美"脱钩论"的观察与思考》，《人民论坛·学术前沿》2020年第7期。

洪炜杰、罗必良：《饥荒经历、地权偏好与农地调整》，《中国农村观察》2020年第2期。

李丹：《"去全球化"：表现、原因与中国应对之策》，《中国人民大学学报》2017年第3期。

刘宏松：《新冠肺炎疫情下的全球化与全球治理的强化路径》，《上海交通大学学报》（哲学社会科学版）2020年第5期。

刘志彪、凌永辉：《基于内需的全球化：中国应对外部环境变化的新选择》，《中国社会科学》（内部文稿）2020年第4期。

卢新国、李书敏：《管理者童年"大饥荒"经历与企业社会责任》，《中国集体经济》2019年第11期。

罗叶、鲜文铎、孙丽颖：《突发事件下粮食抢购的特征与影响因素分析——基于四川省21个大中城市消费者的问卷调查》，《中国农村经济》2011年第5期。

马光荣：《中国大饥荒对健康的长期影响：来自CHARLS和县级

死亡率历史数据的证据》,《世界经济》2011 年第 4 期。

平新乔:《"无接触经济"激发经济发展新活力》,《人民论坛》2020 年第 14 期。

蒲清平、杨聪林:《构建"双循环"新发展格局的现实逻辑、实施路径与时代价值》,《重庆大学学报》(社会科学版)2020 年第 4 期。

钱学锋、裴婷:《国内国际双循环新发展格局:理论逻辑与内生动力》,《重庆大学学报》(社会科学版)2020 年第 5 期。

孙多勇:《突发事件下个体抢购物品现象的经济学分析》,《经济与管理》2006 年第 11 期。

孙伊然:《全球化、失衡的双重运动与"内嵌的自由主义"——基于微观层面的探讨》,《世界经济与政治》2010 年第 5 期。

汪险生、郭忠兴:《早年饥荒经历对农户土地租出行为的影响》,《南京农业大学学报》(社会科学版)2018 年第 3 期。

王达、李征:《全球疫情冲击背景下美国对华"脱钩"战略与应对》,《东北亚论坛》2020 年第 5 期。

王微、刘涛:《以强大国内市场促进国内大循环的思路与举措》,《改革》2020 年第 10 期。

王营、曹廷求:《CEO 早年大饥荒经历影响企业慈善捐赠吗?》,《世界经济文汇》2017 年第 6 期。

王治莹、聂慧芳、杨学亮:《考虑公众感知价值的突发性抢购事件演化博弈分析》,《中国管理科学》2020 年第 3 期。

温铁军、张俊娜:《疫情下的全球化危机及中国应对》,《探索与争鸣》2020 年第 4 期。

谢立仁、陈俊美、张明亲:《突发性抢购行为的影响因素研究》,《西安工业大学学报》2013 年第 7 期。

徐奇渊：《双循环新发展格局：如何理解和构建》，《金融论坛》2020年第9期。

薛澜、张帆、武沐瑶：《国家治理体系与治理能力研究：回顾与前瞻》，《公共管理学报》2015年第3期。

阎学通：《新冠肺炎疫情为去全球化提供合理性》，《国际政治科学》2020年第5期。

阳义南、唐鸿鸣：《破解"新农保"象征性缴费陷阱——基于"大饥荒"经历的经验证据》，《科学决策》2018年第7期。

杨雪冬：《全球化、风险社会与复合治理》，《马克思主义与现实》2004年第4期。

于丽、赫倩倩：《儿童早期的伤疤是否长期存在？——大饥荒对退休决策的影响研究》，《劳动经济研究》2017年第4期。

张弛、郑永年：《新冠疫情、全球化与国际秩序演变》，《当代世界》2020年第7期。

张海波、童星：《应急能力评估的理论框架》，《中国行政管理》2009年第4期。

张颉、李远碧、李李、李秀川：《生命早期饥荒暴露对50岁成年人血脂、血糖水平的影响》，《蚌埠医学院学报》2014年第1期。

张胜军：《全球化与国际组织的新角色》，《国际论坛》2004年第3期。

赵民伟、晏艳阳：《管理者早期生活经历与公司投资决策》，《社会科学家》2016年第4期。

周立：《乡村无接触经济改变了什么？》，《人民论坛》2020年第18期。

周立、李彦岩、罗建章：《合纵连横：乡村产业振兴的价值增值路径——基于一二三产业融合的多案例分析》,《新疆师范大学学报》(哲学社会科学版)2020年第1期。

周立、李彦岩、王彩虹、方平:《乡村振兴战略中的产业融合和六次产业发展》,《新疆师范大学学报》(哲学社会科学版)2018年第3期。

周立、王彩虹、方平:《供给侧改革中农业多功能性、农业4.0与生态农业发展创新》,《新疆师范大学学报》(哲学社会科学版)2018年第1期。

祝哲、彭宗超:《突发公共卫生事件中的政府角色厘定:挑战和对策》,《东南学术》2020年第2期。

卓武扬:《无接触经济助力中国经济再增新活力》,《人民论坛》2020年第26期。

《习近平在十八届中共中央政治局第三次集体学习时的强调:更好统筹国内国际两个大局,夯实走和平发展道路的基础》,《人民日报》2013年1月30日第1版。

小约翰·柯布:《国际论坛:中国是我们的希望》,《人民日报》2020年9月2日第3版。

祁娜姿:《基于前景理论的公共危机中个体决策行为及对策研究》,博士学位论文,国防科学技术大学,2005年。

《美国国防部发布〈5G生态系统:对美国国防部的风险与机遇〉报告》,2019年5月31日,观察者网。

二 外文

Amiti M., Redding S. J., Weinstein D. E., "The Impact of the 2018 Trade War on U. S. Prices and Welfare", NBER Working Paper, 2019.

Baumgartner, Frank R., and Jones, Bryan D., *Agendas and Instability in American Politics* (2nd ed.), Chicago: The University of Chicago Press, 2009.

Beck, Kent, Andres, Cynthia, *Extreme Programming Explained: Embrace Change*, (2nd Edition), Addison-Wesley Professional, 2004.

Blyth, M. M., "Any More Bright Ideas? The Ideational Turn of Comparative Political Economy", *Comparative Politics*, Vol. 29, No. 2, 1997.

Bucciol, A. and Zarri, L., "The Shadow of the Past: Financial Risk Taking and Negative Life Events", *Journal of Economic Psychology*, Vol. 48, 2015.

Cameron, L. and Shah, M., "Risk-Taking Behavior in the Wake of Natural Disasters", *The Journal of Human Resources*, Vol. 50, No. 2, 2015.

Cassar, A., Healy, A., von Kessler, C., "Trust, Risk, and Time Preferences after a Natural Disaster: Experimental Evidence from Thailand", *World Development*, Vol. 94, 2017.

Chen, Y. and Zhou, L., "The Long-term Health and Economic Consequences of the 1959 – 1961 Famine in China", *Journal of Health Economics*, Vol. 26, No. 4, 2007.

Deng, X., Xu, D., Zeng, M., Qi, Y., "Does Early-life Famine Experience Impact Rural land Transfer?", *Evidence from China*, Land Use Policy, Vol. 81, 2019.

Dholakia, U. M., "Temptation and Resistance: An Integrated Model of Consumption Impulse Formation and Enactment", *Psychology &*

Marketing, Vol. 17, No. 11, 2000.

Feng, X. and Johansson, A. C., "Living through the Great Chinese Famine: Early-life Experiences and Managerial Decisions", *Journal of Corporate Finance*, Vol. 48, 2018.

Gidden F., Shenkin A., "Laboratory Support of the Clinical Nutrition Service", *Clinical Chemistry and Laboratory Medicine*, Vol. 38, No. 8, 2018.

Koster, Donald, N., "The History of Violence in America", *American Quarterly*, 8 (152), 1970.

Lehmberg D., Hicks J., "A 'Glocalization' Approach to the Internationalizing of Crisis Communication", *Business Horizons*, Vol. 61, No. 3, 2018.

Lorenz, J., "Heterogeneous Bounds of Confidence: Meet, Discuss and Find Consensus!", *Complexity*, Vol. 15, No. 4, 2010.

Maddison A., The World Economy: A Millennial Perspective, OECD Publishing, 2006.

Malmendier, U. and Nagel, S., "Depression Babies: Do Macroeconomic Experiences Affect Risk Taking?", *The Quarterly Journal of Economics*, Vol. 126, No. 1, 2011.

Miyoshi, M. and Harootunian, H. D., *Post-mordenism and Japan*, Durham: Duke University Press, 1989.

North, D., *Understanding the Process of Economic Change*, Princeton: Princeton University Press, 2005.

Reiss R. D., Thomas M., *Statistical Analysis of Extreme Values-from Insurance, Finance, Hydrology and Other Fields*, Computational Statistics, 2000.

Richard, E., Matland, *Synthesizing the Implementation Literature: The Ambiguity-Conflict Model of Policy Implementation*, 1995.

Robert Keohane, *International Institutions: Two Approaches*, International Theory, Palgrave Macmillan UK, 1995.

Robertson R., "Globalisation or Glocalisation?", *Journal of International Communication*, 2012.

Schaeffer R. B. R., "Globalization and Its Discontents: Essays on the New Mobility of People and Money", *Social Forces*, 1999.

后　　记

本书自 2020 年庚子疫情全球暴发时起笔，在中国人民大学科研处同仁的不断鼓励和支持下，持续写作推进。如今有了一本书的体量，在新冠肺炎疫情危机的短期冲击下，来讨论中长期的去全球化趋势和乡村未来。

疫情无国界，但疫情防控有国界。食物无国界，但食物贸易有国界。在全球化危机和去全球化步伐中，世界乱象丛生。

疫情肆虐全球的 2020 年 7 月，亚洲学者交流中心（ARENA）开了第七届南南论坛。网络会议低成本、高可及性的优势，使得 45 个国家和地区的数百位同人，首次通过网络视频的方式，讲述各国疫情故事和全球脱钩的影响。论坛特别为印度设置了一天的专门论坛。笔者和所在研究团队曾多次赴印度乡村实地调研，对印度有所了解。听印度同仁讲印度"封国断路"，以减缓冠状病毒传播的故事，更让人唏嘘。诸多贫困人口得不到工作机会，买不起基本生存所需的食物，不得已用各种方法自求生存。印度数千万在城市失去生计的农民，在疫情交通阻断的情况下，选择了步行数百甚至上千千米回家。食物权利被剥夺和供应链被阻断，在一定程度上导致全球多地出现了粮食危机。笔者得知拉美、非洲等许多发展中国家和贫困人口面临洪灾、蝗灾、疫情封锁等困境，也组织了国内神农论坛的同仁们，对肯尼亚、柬埔寨等地进行食物援助。有报道称，印度作为全球最大稻米出口国，出现了"粮食白白烂掉，穷人却难果腹"的"朱门酒肉臭，路有冻死骨"现象，还出现了粮食饥饿出口和粮食民族主义同时并存的悖论现象。印度耕地面积排在世界第二位，仅次于美国，一年可以做到两熟或三熟。虽然印度的国土面积只有298万平方千米，不到中国的三分之一，但是耕地总面积和人均面积都比中国多三成，印度的粮食产量只有中国的一半，而其人口规模却与中国基本相当。从粮食供需情况看，印度是粮食净出口国家，连续八年位居全球稻谷第一出口国。2020财年的前6个月，印度大米出口量达到750万吨，大增70%。行业专家称，2020—2021年度，预期出口量可能大幅增加15%。与此同时，印度却有27%的人口吃不饱饭，20%的人口营养不良。这使得在全球117个发展中国家中，印度在世界饥饿指数的排名仅为102位。常理上看，一个国家应该优先保障食物供给国内民众，再将多余的粮食用于出口。但印度为何要让国人忍饥挨饿，还要对外出口粮食？1998年诺贝尔经济学奖得主、印度裔经济学家阿马蒂亚·森（Amartya Sen），是研究食物权利问题的顶级专家。具有讽刺意味的是，因缺乏食物权利而引发的乱象却更多、更持续地发生在印度。受制于当地种姓制度、宗教制度等错综复杂的因素，印度人的食物权利呈现出极端的不平衡与不平等特征，使得大量人口被排斥在食物供应体系之外。印度国内食物不足的原因，不是粮食供给量的短缺，而是食物分配制度出了问题，具体来说，是食物权利保障出了问题。疫情危机下粮食民族主义和饥饿出口的矛盾现象，正在说明一个基本事实：粮食本身没有国界，但粮食贸易有国界。

基于这样的学者责任，思考国家责任与国际责任，不断激励我们思考与写作。

本书是集体智慧的结晶。除了笔者和研究三年困难时期成因口述史材料的王晓飞之外，在南方科技大学任职的董玄博士，在广西民族大学的方平博士，做出了不可替代的贡献。董玄博士提供了对比观念和"战思维"的视野，我们又一起讨论了"和思维"的战略可能性。方平博士做了西南山区脱贫攻坚转为乡村振兴的疫情调研，我们又一起写作了"谁来养活21世纪中国？"的文稿。仍在中国人民大学就读的博士生、硕士生们，也参与了本书的部分讨论、调研与写作。罗建章、汪庆浩参与了部分章节的写作，李彦岩、王彩虹、奚云霄、马荟、商俊、王卉等参与了相关讨论，在此一并致谢。

"理论是灰色的，生命之树常青。"歌德斯言，让我们不断认识生命的可贵，而不执着于理论的解释。且行且止，都需要保有人类自由意志的宝贵思考与选择。

2021年清明时节于北京香山北麓